수우당守愚堂 최영경崔永慶

이 책은 2009년도 경상남도 지원금에 의해 개발되었음

경상대학교 남명학연구소
**남명학교양총서 17**

# 수우당守愚堂 최영경崔永慶

강동욱 지음

景仁文化社

## 목 차

제1장 도강서당道江書堂을 찾아서 ❀ 1

제2장 하늘이 내린 효자 ❀ 9

제3장 남명 선생과 인연 ❀ 15

제4장 벼슬 버리고 진주 정착 ❀ 29

제5장 경의敬義 실천에 힘쓰다 ❀ 35

제6장 도의道義로 벗과 사귀다 ❀ 39

제7장 선현의 가르침을 전수하다 ❀ 75

제8장 수우당과 기축옥사 ❀ 89

제9장 신원과 추증 ❀ 119

제10장 수우당이 남긴 시와 편지글 ❀ 135

제11장 수우당 행적을 기록한 글 ❀ 143

## 제1장
# 도강서당道江書堂을 찾아서

    수우당守愚堂 최영경崔永慶은 남명南冥 조식曺植 선생의 드러난 제자로 덕천서원德川書院에 배향되었던 남명학파의 대표적 선비이며 『덕천사우연원록德川師友淵源錄』에 덕계德溪 오건吳健에 이어 두번째로 등재되어 있는 인물이다.
    서울에서 태어났지만, 남명 선생에게 많은 가르침을 받기 위해 지리산 근처 진주로 내려와 도동 만죽산 아래에 살다가 모함으로 기축옥사己丑獄事에 연루돼 억울하게 세상을 떠난 지조 있는 선비이다.
    억울하게 세상을 떠난 후 1591년 정철 등 서인들의 모함이 밝혀져 신원되었으며 1594년 대사헌에 추증되었고 1603년에는 스승인 남명 선생을 모신 덕천서원에 배향되기도 했다.
    1868년 서원 훼철령으로 덕천서원이 훼철되자

도강서당

　1918년 하동 옥종의 존덕사尊德祠에서 향례를 지냈고, 1936년에는 지역 유림들이 도강서당道江書堂을 건립해 지금껏 그의 학덕을 기리고 있다.
　참고로 존덕사는 경남 하동군 옥종면 북방리 571번지에 있다. 1868년 대원군의 훼철령에 따라 덕천서원이 훼철되자, 수우당을 위해 변호하였던 석정石亭 정홍조鄭弘祚의 후손인 석기奭基 섭기攝基 영훈英壎 등이 일가와 상의하여 자본을 마련하고 사림이 이를 허락하여 1917년 낙성을 했다. 존덕사尊德祠의 편액은 "존덕수정尊德守正 백세미창百世彌彰"이란 말에서 취한 것으로 수우당의 덕을 추모하는 뜻이다. 이듬해인 1918년 3월 중정일中丁日 수우당을 제향하고 석정을 배향했다.
　도강서당은 진주시 상평동 만죽산 자락에 있다. 수우당이 진주로 내려와 자연을 벗 삼아 경서를 탐독하

존덕사 전경

던 유서 깊은 장소에 도강서당을 건립한 것이다.

수우당의 숨결을 느끼기 위해 진주시 상평동에 있는 도강서당을 찾았다.

진주 시청 뒷길에 있는 안내 표지판을 따라 골목길로 들어서면 선학산 아래 서당이 있다. 옛날 대나무가 많아 만죽산萬竹山이라 불렀는데, 서당 뒤엔 지금도 대나무가 무성하다.

진주 도심에 있는 서당임에도 불구하고 찾는 사람이 드물다. 아니 수우당이 어떤 인물인지 아는 사람도 별로 없다. 안타까운 일이 아닐 수 없다.

도강서당 정문은 유정문由正門이다. 평생 정도正道를 추구한 수우당을 만나러 가는 사람들은 당연히 이 문을 통해 들어가야 한다는 의미가 담겨 있다.

정문 왼쪽에 비석이 우뚝 솟아 있는데 '수우당 선생 신도비'이다. "贈嘉善大夫司憲府大司憲守愚堂崔

신도비

先生神道碑(증 가선대부 사헌부 대사헌 수우당 최선생 신도비)라고 앞면에 새겨진 신도비는 1992년 세웠다.

"수우당 최 선생은 나라의 어진 선비이다. 선조 때 기축옥사가 일어나 이름난 선비들이 죽음을 당했는데 선생도 이에 벗어나지 못했다. 비록 임금이 신원을 했지만 지금까지도 사람들이 억울함을 추모하고 있다. 선생이 세상을 떠나신 후 묘비가 세워졌고 실기가 발간되고 도강서당과 청풍사가 건립되었다. 하지만 신도비를 세울 겨를이 없었다. 이에 후손과 사림들이 "선생의 관직이 이품에 이르렀으니 마땅히 신도비를 세워야 한다"라고 하면서 큰 비석을 다듬어 서당의 앞에 세우려고 했다. 종손 준열씨가 나에게 글을 부탁하였다. 나는 수우당 선생의 신도비를 쓸 사람이 못된다고 사양을 했지만, 뜻을 이룰 수가 없었다. 이에 선현들이 찬술한 문자를 참고로 글을 적는다."

신도비의 첫 부분이다.

면우 곽종석의 제자인 창계滄溪 김수金銖(1890~1943)에게 글을 배운 진와進窩 이헌주李憲柱가 지은 글이다.

청풍사

 당시 수우당 종손인 준열俊烈씨가 중심이 돼 세운 비석임을 알 수 있다. 참고로 수우당 종손 준열씨는 최구식 국회의원의 부친으로 진주 이이재二以齋에서 지역의 유림들과 유학儒學을 계승하며 수우당의 정신 계승에 평생을 바친 인물이다. 적은 체구에 성격이 조용해 항상 남의 말을 듣기를 좋아했다.
 서당 정문을 들어서면 오른 편으로 비각이 보인다. 비각 안에는 두 개의 비석이 있는데, 바로 '선조사제문비宣祖賜祭文碑'이다. 오른쪽 것은 근래 새로 만든 비석이고 왼쪽 것이 원래 비석이다.
 '선조사제문비'는 수우당이 억울한 누명으로 옥에서 세상을 떠난 다음해인 1591년 무죄임이 밝혀지자

1594년 선조가 내린 제문이다.

선조가 내린 제문을 1821년 지역 유림들이 돌에 새겨 덕천서원에 세웠는데, 지금은 도강서당 마당에 서 있다.

합천의 전직환全直煥이란 선비가 쓴 도강서당道江書堂 현판은 글자에 힘이 넘친다. 마치 수우당의 기상이 서려 있는 듯하다. 글 쓴 사람이 후학後學이라고 자처한 것을 볼 때, 수우당의 인품을 본받고자 노력한 필력이 여실히 드러난 것이라고 할 수 있다.

강당에는 한말 강우지역 대학자 회봉 하겸진이 지은 기문記文이 걸려있는데, 남강藍江가 도동道洞에 서당이 있어 '도강서당'이라고 이름을 지었다는 것을 알 수 있다.

그 옆에는 사당인 청풍사淸風祠 기문이 걸려 있다. 선생의 높은 절개에서 그 뜻을 취해 '청풍'으로 사당 이름을 지은 것을 알 수 있다. 사당 문을 '산앙山仰'이라 하였는데, 역시 선생의 높은 절개는 산처럼 우러러 보아야 한다는 뜻에서 이름 지은 것을 알 수 있다.

수우당의 학덕을 기리기 위해 지역 유림들이 매년 음력 4월 15일 석채례를 봉행하고 있다.

수우당이 어떤 인품을 지닌 인물인가를 알 수 있는 공식 기록이 선조수정실록 6년(1573, 만력 1) 조에도 전한다.

최영경은 처음 한성漢城에 살면서 문을 닫고 자취를 숨겼으므로 그를 아는 자가 없었다. 어버이를 지극한 효성으로 섬겼는데 어머니가 죽자 가산을 털어 돈을 마련한 뒤 석곽石槨을 써서 장사 지내니, 마을 사람들이 오활하게 여겨 대단하게 대우하지 않았다. 사인士人 안민학安敏學이 그의 비범한 행동을 살펴보고 성혼成渾에게 말하니, 성혼이 그를 찾아가 용의가 청엄清嚴한 것을 보고 함께 이야기를 나눴는데, 서로 마음이 통하였다. 그 말이 공경公卿들 사이에 전파되자 그로 인해 저명해졌다. 나중에 진주晉州에 은거하여 조식曺植을 따라 유학하였는데, 기절을 숭상하고 의리를 논변하기를 좋아하니 조식이 그를 정인홍鄭仁弘 다음으로 대우하였다.

선조수정실록의 수우당 기록

이 기록에 의하면 수우당은 어버이를 지극한 효성으로 섬겼다는 것을 알 수 있다. 또 기절을 숭상하고 의리를 논변하기를 좋아하여 남명이 매우 높이 대우한 것을 알 수 있다.

효성이 지극하고 의리와 논변에 뛰어나 남명이 높이 대우한 수우당의 숨결이 이곳 도강서당에 배여 있다.

도강서당 청풍사 앞에 서서 만죽산 대바람을 맞으며 수우당 선생의 효성과 높은 절개를 다시 한번 되새겨 본다.

## 제2장
## 하늘이 내린 효자

　수우당은 1529년(중종 24년) 7월 16일 한양漢陽의 원동리院洞里에서 병조좌랑을 지낸 최세준崔世俊과 평해平海 손씨孫氏의 장남으로 태어났다.
　본관은 화순和順이다. 화순 최씨의 시조는 최세기崔世基이다. 그는 고려 중엽 평장사平章事를 지내고 오산군烏山君에 봉해졌는데, 오산이 화순의 옛 이름이기 때문에 화순이 본관이 됐다.
　이후로 많은 인물들이 배출되었는데 충절공 영유永濡는 1361년(공민왕 10) 해주 목사海州牧使로서 홍건적紅巾賊의 침입으로 포위된 수양성首陽城을 끝까지 지키다가 적의 공격으로 성城이 함락되자, 혈서血書를 남기고 귀중한 관인官印을 안고 깊은 못에 투신 자결했다. 그 후 못가에 충절비忠節碑가 세워지고 못 이름을 투인담投印潭이라 했다.

영유의 아들 원지元之는 호조참의를 지냈는데, 수우당의 8세조이다.

증조인 중홍重洪은 1495년 식년문과에 급제하여 사관史官이 되었고, 1504년 갑자사화甲子士禍때 예조정랑 禮曹正郎으로 삭직 당했으나 1506년 중종반정中宗反正으로 복직되어 형조참의刑曹參議를 지낸 후, 판결사, 병조참의, 전주부윤全州府尹 등을 거쳐 1524년 형조참판 刑曹參判으로 정조사正朝使가 되어 명나라에 다녀왔다. 조부 훈壎은 사헌부 감찰司憲府監察을 지냈다.

수우당은 태어나면서부터 바탕이 뛰어나 증조부와 조부가 매우 사랑하였다.

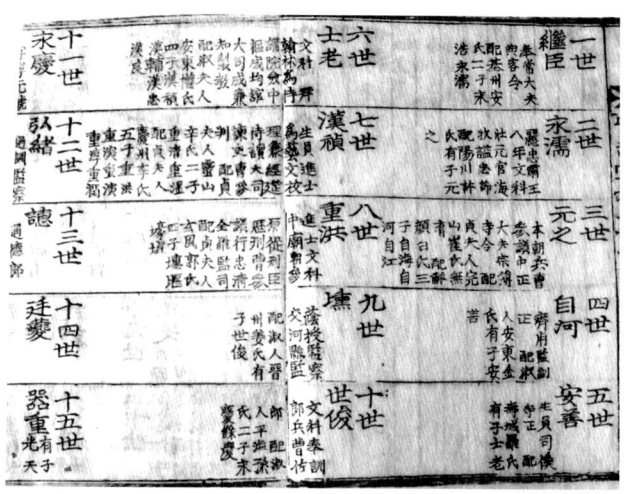

가계도

어린 시절에 사람들이 혹 진귀한 과실과 맛있는 음식을 주면 문득 손에 쥐고 먹지 않았는데, 까닭을 물으면 말하기를 "부모와 조부모님에게 드릴 것입니다"라고 하였으니 기특하게 여기지 않은 사람이 없었다고 한다.

사기史記를 읽을 때 기자箕子의 맥수가麥穗歌에 이르러 흐느껴 울며 말을 잊지 못하는 것을 보고 사람들이 모두 그 비상한 인물이 될 것을 기대하였다.

맥수가는 은殷 나라의 충신 기자가 은나라의 옛 도읍을 지나면서 지었다고 전하는 시로 고국의 멸망을 탄식하는 노래이다.

내용은 이러하다.

| | |
|---|---|
| 보리 이삭이 무성하구나 | 麥秀漸漸兮 |
| 벼도 기장도 기름지구나 | 禾黍油油兮 |
| 저 교활한 아이는 | 彼狡童兮 |
| 나와 함께하는 것을 좋아하지 않는구나 | 不與我好兮 |

수우당은 어려서부터 은나라 충신 기자가 망한 나라를 지나가면서 탄식하는 것을 보고 남다른 감정을 가진 것은 우연이 아닐 것이다. 이는 어려서부터 대대로 내려온 가풍家風을 잘 계승한 것이라고 할 수 있다.

점점 자라서는 입에 비속한 말을 담지 않았으며 행동거지는 법도法度가 있었으며 부친 좌랑공佐郎公이 장차 큰 인물이 될 것을 기대하여 공부를 엄정하게 가르쳤다.

　수우당의 효성은 하늘이 내려준 것이라고 할 만큼 지극하였다. 부모를 섬기는데 능히 자식의 도리를 다하였다. 부친상을 당하여서는 한결같이 옛 법도에 따라 예를 행했는데, 모친이 지나친 슬픔으로 상심하여 병이 날까 염려하자 비로소 미음을 먹었다.

　일찍이 모친이 낙상落傷을 당하여 위독하자 수우당은 팔뚝을 찔러 피를 받아 약을 지어 올려 소생하게 했다. 모친상을 당해서는 부친상과 같이 상을 치르고 묘소에 여막廬幕을 지어 아침 저녁으로 반드시 성묘省墓를 하였으며 제수祭需를 올릴 때는 반드시 어육魚肉을 갖추었다.

　하루는 큰 비가 내려 길이 막혀 묘 앞에 엎드려 제수를 올리지 못하는 것을 안타깝게 여기면서 하늘을 우러러 울부짖기를 그치지 않았더니 호랑이가 산돼지를 물어다 상석에 두고 갔다. 사람들이 지극한 효성에 감동한 것이라 입을 모았다.

　또 부친 좌랑공이 임종에 홍시를 찾았으나 때가 6월이라 올리지 못했으며 또한 조모가 병상에 있을 때 암꿩고기를 청했으나 올리지 못했기 때문에 종신토록 홍시와 암꿩고기를 먹지 아니했다.

　혹 밥상을 마주한 이가 까닭을 물으면 "본래 꿩고기와 홍시를 좋아하지 않는다"고만 하였다. 제사 날에는 반드시 암꿩고기를 올리되 갓 잡은 것이 아니면 올리지 않았다.

　수우당이 일찍이 선고의 기일에 가난으로 제수를 마련하지 못하여 종신토록 슬프게 울고 있었는데, 홀연히 산노루가 집으로 들어와 이를 가지고 희생을 마련하였다. 이때 사람들이 모두 감탄하며 말하기를 "시묘살이 할 때는 범이 산돼지를 물어왔고 지금은 노루가 스스로 정원에 들어왔으니 이는 옛날 왕상王祥의 효성에 감동하여 잉어 두 마리가 얼음 속으로 뛰어나오고 참새가 장막으로 날아왔던 일과 비교하여도 지나칠 것이 없을 것이다"고 하였다.

　수우당은 형제간의 우애도 돈독했다. 부모의 재물을 나누어 가질 때 좋은 토지와 건강한 노비들은 형제들에게 모두 나누어 주고 약한 노복과 척박한 토지만 스스로 가졌다. 신씨 누이가 일찍 홀로 되어 선생이 부양하기를 늙도록 같이 하였으나 사랑함이 더욱 지극하였다.

## 제3장
# 남명 선생과 인연

    1572년 남명 선생이 덕산에서 별세하자 장례에 참석한 문인과 선비들이 수백인 이었다. 덕계 오건이 이조정랑으로서 문인의 대표로 동쪽 맨 앞에 섰으며, 수우당이 그 다음에 섰다.
    수우당은 서울에 살면서 일찍부터 남명의 학식과 명망을 듣고 있었다.
    수우당은 서울에서 남명의 명망을 듣고 동생 여경과 함께 그를 찾아가 제자가 되었고, 1565년에 비로소 문하에서 배움을 청하였다는 기록이 '남명선생연보'에 있으나 수우당 실기에 의하면, 1567년 남명선생을 뇌룡사雷龍舍에서 배알한 것을 알 수 있다.
    이 해에 마침 국상國喪이 있었기 때문에 죽순竹筍으로 폐백을 대신하여 남명이 단 한 번 보고 훌륭히 여겨 세상에 높이 뛰어난 인물이라고 칭찬하였다.

뇌룡정

    수우당은 남명의 문하에 출입한 후부터 스승을 경모景慕하는 마음이 깊어져, 항상 가까운 곳으로 집을 옮겨 곁에서 가르침을 받고자 하였다. 그러나 병이 많은 몸이라 뜻을 이루지 못하였다. 그래서 필마匹馬로 남쪽으로 내려와 스승을 모시고 의문을 질문하고, 의혹을 궁구하여 학문의 가장 요긴한 곳이 풀리지 않는 부분을 질문하였다. 수우당은 천리 되는 먼 곳에 살았으므로 자주 가르침을 받지 못하는 것을 한스럽게 여겼다.

    1572년 2월 8일 남명이 서거하여 부음이 서울에 이르자 곧 달려와 곡을 하고 제사를 올렸으며 여러 문인과 더불어 심상心喪 3년을 입었다.

    수우당이 남명을 얼마나 숭모했는가는 남명선생을

위해 지은 제문에서 알 수 있다.

　아아 슬프다! 선생께서 이에 이르렀습니까. 바른 도를 밝혀 실천에 힘쓰시던 학문과 마치 병들어 괴로워하는 사람을 보고 안타까워한 인자함과 강대하고 탁월하신 재주를 한 치도 세상에 베풀지 못하시고 한 치도 후세에 전함이 없이 뜻을 고이 간직해 돌아가시니, 헛되이 이 빈 산으로 하여금 명망이 해와 달과 더불어 창성하게 하셨습니다. 오호라 하늘이 선생을 태어나게 하신 것은 과연 무엇을 하기 위해서였습니까.
　아아 슬프다. 보잘 것 없는 제가 만년에 다행히 뵙게 되었으나 한없이 높은 산이라 감히 우러러 볼 수도 없었

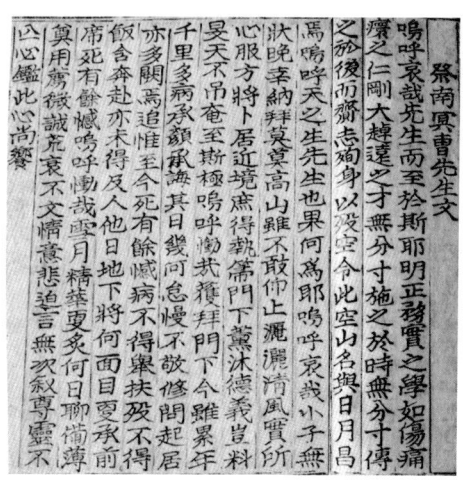

남명 선생 제문

지만 청풍 같은 교훈을 참으로 복종하였습니다. 장차 선생 계신 곳 가까이로 집을 옮겨 문하에서 빗자루를 잡아 덕과 의리를 배우기를 바랐더니 하늘이 돕지 않아 홀연히 이 지경에 이를 것을 어찌 헤아렸겠습니까.

아 통곡하니, 문하에 절을 올린 지 여러 해가 지났으나 천리 먼 길에 병 많은 몸이라 얼굴을 뵙고 가르침을 받은 날들이 그 얼마나 되겠습니까. 태만하고 불경하여 안부를 여쭙는 일도 또한 빠뜨리기 일쑤였습니다. 지금에 이르러 생각해보니 지금 죽으면 여한이 남을 것입니다.

병상에 계실 때에는 부축하여 드리지 못했고 돌아가실 때 염습에 참여도 못하였으며 부음을 접하고 달려오는 것조차도 다른 사람들에게 미치지 못했으니 다른 날 지하에서 장차 무슨 면목으로 다시 뵈옵겠습니까. 저에게는 평생 여한이 될 것입니다.

아 통곡하오니, 깨끗하고 고결한 인품을 어느 날에 다시 가까이 할 수 있겠습니까. 한갓 보잘것 없는 제물을 갖추어 미미한 정성을 올림에 거칠고 쇠약하여 문장이 모자라고 정의가 비박하여 말이 순서가 없습니다. 혼령이 계신다면 반드시 이 마음 살피시고 이 술 한잔 드소서.

수우당은 늦게 남명을 만나 청풍 같은 가르침에 복종하였다. 하지만 스승과 멀리 천리 길을 떨어져 있어 가르침을 항상 받들지 못한다는 아쉬움과 부음을 듣고도 한 걸음에 달려갔으나 임종을 하지 못한 안타까움을 드러내고 있다.

　스승에 대한 수우당의 숭모는 여기에서 그치지 않았다. 남명 선생이 세상을 떠난 후 스승의 학덕을 기리기 위해 덕천서원 창건에 주도적인 역할을 한다.

### 덕천서원 창건 주도

　1576년 수우당은 동문인 각재 하항, 영우성 하응도, 무송 손천우, 조계 유종지 그리고 진주목사 구변具忭 등과 함께 남명선생 사우祠宇인 덕산서원을 덕산동

덕천서원

德山洞에 창건하였다.

사우 강당 동재 서재를 아울러 완공하였으니 강당은 경의당敬義堂이라 하고 동재와 서재는 경재敬齋와 의재義齋로 이름 지었다. 남명 선생이 일찍이 손수 경의敬義 두 자를 써서 창벽窓壁사이에 붙여 놓고 스스로 반성하였기 때문에 재齋를 명명命名한 것이다.

당시 수우당이 몸소 감독하여 모든 일이 능히 순조롭게 진행되어 당우堂宇와 사당은 질서 있게 이룩되었으며 담장과 계단은 정연하게 갖추어졌다. 돌 하나 기와 한 장까지도 수우당의 점검과 지휘를 받지 않은 것이 없었다.

이렇게 하여 남명선생을 모신 서원은 제자들에 의해 '덕산서원德山書院'이란 이름으로 수우당 주도하에 1576년 창건이 되었다.

수우당은 서원을 창건하고 앞 시냇가에는 푸른 소나무 백여 그루를 심었는데 시내 가까이 있는 한 그루는 수우당이 손수 심었기 때문에 사람들이 이것을 가리켜 수우송守愚松이라 하였다. 애석하게도 현재 덕천서원 주위에 수우송이라 전하는 나무는 없다.

창건 이듬해인 1577년, 서원 꾸미는 것과 단청을 끝내고 담을 둘렀다. 담 안으로 샘물을 끌어 들여 좌우에 네모난 못을 만들고 그 속에 연꽃을 심었다. 이후 봄 가을로 제례를 게을리 하지 않았다.

서원이 처음 창건될 당시에는 서원에 물을 끌어들

여 못을 만들고 연꽃을 심었으니 그 규모는 현재와 비교가 되지 않을 정도였다.

장엄한 규모를 자랑하던 덕산서원은 1592년 임진왜란을 만나 불행하게도 강당 재실 정자가 모두 불에 타 버렸다.

그로부터 9년 후인 1601년 진주목사 윤열尹說이 진주 선비들의 요청에 의하여 서원 중수를 계획하였다. 이때 청주목사를 역임한 모촌 이정과 당시 원장인 백곡 진극경, 창주 하징이 교대로 서원의 중수를 담당하였다. 그 이듬해 서원의 건물들이 비로소 완성되었다. 임란 때 불탄 지 10년만이었다. 1603년 남명 선생의 위판을 다시 봉안하고 제례를 지냈다. 이때 위판을 바위굴에 감추어 다행히 보전하였으나 글씨가 흐트러지고 더러워져 새 위판으로 고쳤으며 수우당을 사당에 배향했다.

## 덕천서원 배향

임란으로 불탄 덕천서원을 중건하고 나서 1612년 진주 진사 창주 하징 등 유생 170여명이 상소하여 덕천서원에 수우당을 예전대로 종사從祀할 것을 청했다. 1609년 덕천서원이 사액賜額돼 배향을 하기 위해서는 조정의 허락이 필요했다.

진주 유생들의 상소를 받은 예조에서 임금께 보고하기를 "서원의 설치는 선비들 중에서 선현을 존경하고 추모하는 거사에서 나온 것이오며, 건설하게 되어 사액賜額을 청할 때에 비로소 조정에서는 알게 되는 것이옵니다. 당초 조식의 덕천서원은 최영경이 조식의 문하생으로 한 때에 선비들의 존앙尊仰한 바가 되어 종사하였던 것이오니, 최영경을 영구히 공향共享케 하여 여러 선비들의 마음을 위로하심이 사리에 마땅하온 즉 원하는 바에 따라 시행케 하심이 어떠하겠습니까?"라고 했다. 이에 임금은 아뢴대로 시행하라는 명을 내려 수우당이 덕천서원에 남명선생과 배향이 된 것이다.

덕천서원 춘추 상향문

덕천서원 배향때 봉안奉安 고유문告由文은 아래와 같다.

    영구靈龜는 자리 잡지 못하고 지주砥柱는 횡류하는 세상
    빛나는 발자취 길이 정貞하며 산 같이 우뚝 서 아름다움 드날리네.
    선사先師 외롭지 않게 가르침을 법삼았네
    이제 이에 배향하노니 후세에 영원히 이어가길.

## 세심정 건립

덕천서원 바로 앞 덕천강 가에는 정자가 하나 있다. 바로 세심정洗心亭이다. '마음을 씻는 정자'라는 뜻으로 주역에 나오는 '성인이 마음을 씻는다聖人洗心'라는 말을 따라 그 이름을 붙였다.

세심정이란 이름은 남명의 제자 진주 수곡 선비 각재 하항이 지었다. 한 여름이면 이 지역 사람들은 마음뿐만 아니라 육체의 무더위도 함께 식히는 장소로 유명한 곳이다.

세심정은 1582년 수우당이 지은 것이다. 이보다 앞서 남명 선생이 세상을 떠난 4년 후인 1576년 선생의 제자들이 덕천서원(당시는 덕산서원이었음)을 건립하여 위패를 봉안하고 나서, 1582년 서원 건립에 앞장섰던 수우당 최영경이 세운 것이다.

일반적으로 정자는 인간이 자연 속에 잠시 머물면서 자연을 즐길 수 있는 공간인 동시에 자연과 일치하여 자연을 느낄 수 있는 공간이다. 요즘말로 하면 휴식공간이 되는 셈이다.

서원은 제사와 공부를 위해 지어진 공간이므로 마음을 놓고 쉴 수 있는 장소로 적합지 않다. 그래서 수우당은 덕천서원을 짓고 나서 선비들의 휴식공간으로서 세심정을 지은 것이다.

세심정

　세심정에 있는 송정松亭 하수일河受一이 지은 기문에 "군자는 은거해 수양하며 한가히 거닐며 휴식한다. 대개 은거해 수양하는 곳에는 한가히 거닐며 휴식하는 곳이 있는 것이 옛날 도리이다"고 세심정을 지은 이유를 밝혔다.
　남명의 숨결을 느끼고자 하는 선비들이 덕천서원을 찾아 학문을 논의하고 나서 서원문을 나와 세심정에 앉아 덕천강 풍광을 바라보며 몸과 마음을 편안하게 하였던 것이다.
　현재의 정자는 여러 번 개축하여 건립 당시의 모습은 아니다. 기록을 보면 "1582년 문밖 시냇가에 2칸으로 세웠다"라고 되어 있다. 이때 세운 것이 임진왜란 때 모두 불타버렸다.

정자는 원래 높은 곳 위에 세워진 집이란 뜻이다. 특히 굽이쳐 흐르는 냇가나 훌륭한 경관에 그 경관을 즐길 수 있도록 지어진 것이다. 그러니 세심정도 현재의 위치는 아닐지라도 덕천강가 경치 좋은 곳에 있었던 것으로 추측해 볼 수 있다. 이는 세심정 기문의 "흐르는 물가에 우뚝한 정자를 세운 것은 은거하면서 수양하는 사람으로 하여금 답답한 마음을 풀고 호연지기를 잘 기르도록 함이다"라고 한데서도 알 수 있다.

세심정은 임란 후 복원하면서 취성정醉醒亭으로 이름을 바꾸게 되는데, 취성이란 말은 굴원의 어부사에 나오는 말로 "세상 사람들이 모두 술에 취했어도 나만 홀로 깨어있다"는 뜻이다. 그리고 1815년 중수 후 다시 풍영정風詠亭이라고 고쳤는데 이 이름은 논어에서 따온 것이다.

그 후 세심정은 1870년 덕천서원이 훼철되자 다른 곳으로 옮겨 지었다가, 도로 확장 후 현재의 위치로 다시 옮겨지어진 것으로 그 시기는 대략 1920년대쯤으로 추정하고 있다. 원래 2칸이던 것이 지금은 1칸으로 되어있다.

참고로 수우당에게 학문을 익힌 송정 하수일이 지은 세심정 기문을 살펴보자

> 예기禮記에 이르기를 "군자君子는 자기를 간직하고 학문을 닦는다"고 하였다. 대개 조용히 학문을 닦는 곳에는

반드시 유식遊息하는 장소가 있는 것이 옛날의 법도法道이다.

　삼가 서원의 제도를 살펴보건대 사당를 세워서 제사를 밝게 하고 명륜당明倫堂을 세워 윤리를 무겁게 하며 동서재東西齋를 두어서 학도를 기거케 하였으니 학문을 닦는 데는 참으로 있어야 할 것들이다.

　서원의 남쪽에 시내가 있는데 허공을 머금어 푸르름이 얽혔으며 물이 돌아 나가면서 맑은 못을 만들었으니 이에 나아가면 기수沂水에 노니는 흥취가 있고 시내 위에는 도림桃林이 있으며 그 사이로 소나무와 능수버들이 있어 바라보면 무릉도원 같아 참으로 놀면서 감상하기에는 아름다운 경치이다.

　우리 수우당 최선생이 매양 지팡이를 짚고 그 위에서 노닐다가 정자를 얽어 쉬는 장소를 갖추려고 하였으나 서원의 공사가 끝나지 않아 이루지 못하였다. 그러다가 지난 1582년 봄에 비로소 경영하여 정자가 완공되자 경치가 한층 아름다워 개울물은 더욱 맑아 보이고 고기들은 더욱 즐거운 것 같았다.

　각재숙부께서 주역에 나오는 성인이 마음을 씻는다는 뜻을 취하여 정자를 세심洗心이라 명명하니 관수법觀水法의 뜻이 담겨있다 하겠다.

　대개 물은 그 본성이 맑고 더러움이 있으면 그것을 씻어 깨끗이 하고 검은 것은 씻어 희게 만든다. 그러므로 흐름을 즐겨 정자를 높인 것은 학문을 닦는 이로 하여금 답

세심정기문

답한 것을 풀고 호연한 기상을 잘 기르게 하고자 한 것이요, 물을 인하여 이름을 붙인 것은 휴식을 취하는 이로 하여금 물을 보고 자기를 반성하게 하여 날마다 새롭고 또 새롭게 하고자 한 것이니 오당吾黨의 군자들이 참으로 이 정자 위에 올라 멀리 선생의 유풍을 상상해 보고 또 이름을 돌아보고 뜻을 생각하여 능히 마음을 맑게 하는 공부를 이룬다면 좋을 것이다.

내가 우매한 소생으로 감히 고루하게 기록하고 또 노래를 지어 부르니,

높은 정자 세우니 그 모습 날개 펴고 날아갈 듯.
이에 놀며 휴식하니 군자가 거처할 곳이로다.
드넓은 시냇물 거울같고 옥같으니
군자는 이를 본받아 자기 마음 성찰하여
이 몸이 청명하면 본성 찾을 것이니
그렇지 못하면 이 크게 쓴 정호亭號를 볼 것이로다.

기문에 "군자는 은거해 수양하며 한가히 거닐며 휴식한다. 대개 은거해 수양하는 곳에는 한가히 거닐며 휴식하는 곳이 있는 것이 옛날 도리이다"고 했다.

수우당이 벼슬을 사양하고 혼탁한 조정을 피해 남쪽으로 내려와 자연을 벗삼아 자신을 수양하며 지친 심신을 달래고자 세심정을 건립한 것을 알 수 있다.

수우당은 진주에 정착해 틈만 나면 스승의 숨결이 배인 지리산을 찾아 도화 뜬 양당수를 곁에 두고 유유자적하게 살고자 한 것을 알 수 있다. 하지만 시대는 그를 은인군자로 살아가도록 하지 않았다.

# 제4장
# 벼슬 버리고 진주 정착

　1572년에 서울의 선비들이 수우당의 행실이 탁월함을 보고 조정에 천거하여 경주참봉慶州參奉을 제수받았고 이듬해 주부主簿를 제수하였으나 모두 나아가지 않았다. 그 후 연이어 6품직인 수령 도사 등을 제수하였으나 모두 병으로 사양하고 나아가지 않았다. 수우당이 조정의 부름을 받은 때는 남명 선생 상중이었다.
　1575년에 사축司畜으로 부름을 받고 말하기를 " 우리 집은 대대로 벼슬하던 집안으로 이제 또 여러 번 임금의 은혜를 입었으니 끝내 거절하는 것은 예의가 아니다"라고 하고는 부득이 대궐에 나아가 사양하고 이해 4월 진주로 내려와 도동道洞의 만죽산 아래에 집을 짓고 '수우당'이라고 편액을 하였다.
　이때 소재蘇齋 노수신盧守愼이 여러 번 편지를 보내

수우당 선생 유허비

어 이를 만류하며 말하기를 "자기의 뜻을 너무 고집하면 손해됨이 클 것이다"라고 하니 수우당은 "벼슬길에 나아가는 피해도 또한 적지 않을 것이다"라고 대답하였다.

    수우당이 서울서 진주로 내려온 것은 선대의 전장田莊이 있고 아우 여경餘慶이 먼저 내려와 터를 잡고 있었기 때문이다.

    수우당은 대나무 숲속에 한 칸 방을 짓고 '수우당守愚堂'이라 이름 지었다. 그곳에는 약간의 국화와 몇 떨기 매화 그리고 약간의 연꽃과 줄기 그리고 학이 한 마리 있었다.

    세상을 잊고 과거 공부를 멀리하고 번잡한 교유를 사절謝絶하였으며 좌우에 책을 벗하고 본성本性을 기

만죽산 대나무

르고 스스로 더욱 늙어감을 즐겼다.

1577년 아들 홍렴弘濂이 요절하여 양주의 좌랑공 묘 아래에 장례를 치렀다. 이때 이발의 소개로 문상 온 정여립을 처음 만났다.

1579년 서애 류성룡이 영남안찰사로 진주에 와서 수우당을 방문하였다.

1581년에 사헌부司憲府 지평持平을 제수 받았으나 수우당은 소를 올려 사양하였다. 소의 내용은 아래와 같다.

　　승의랑承議郎 수守 사헌부司憲府 지평持平 신 최영경은 실로 황공하여 엎드려 주상전하에게 아뢰나이다.

　　이달 초 1일에 신에게 사헌부 지평을 제수하시어 역말

벼슬 버리고 진주 정착

을 타고 빨리 올라와 명을 받으라는 성지聖旨를 받고 놀랍고 두려워 몸 둘 바를 모르겠습니다.

　신이 보잘 것 없이 헛된 이름을 도둑질하며 전하의 은혜를 입고 여러 번 발탁되어 분수를 헤아려 보건대 감내하기 어려워 물러나 초야에 엎드려 날마다 꾸중을 기다렸습니다. 그러나 꾸중은 이르지 아니하고 외람되게 사랑을 입어 이 지경에 이르렀으니 두렵고 두려워 스스로 목숨을 바친다 하여도 보답할 수 없겠습니다. 신이 비록 보잘 것 없으나 스스로 헤아려 보건대 정녕 얼굴을 쳐들고 버젓이 나아가서 위로는 임금의 밝은 지혜를 기만하고 아래로는 한 몸을 저버리는 일은 차마할 수 없습니다.

　생각컨대 지금에 국시國是는 정해지지 아니하고 공론公論은 행해지지 아니하며 붕당의 폐습이 일어나 나라의 기강이 날로 떨어져 갑니다. 이는 실로 나라의 성쇠안위가 매달린 일입니다. 이에 전하께서 촛불로 밝히고 위엄으로 진무鎭撫하여 붕당의 무리로 하여금 그들의 가슴 속에 있는 흉계를 펴지 못하게 하고 선비들의 추구하는 바를 바르게 하며 기강을 떨쳐야 하오며 그 책임은 대신臺臣에게 있다고 생각됩니다.

　이때를 당하여는 비록 어진 사람으로 하여금 다스리게 하여도 오히려 혹 어려울 것이거늘 하물며 신 같은 우둔하고 무지한 사람이 어찌 감당할 수 있겠습니까. 또 신은 어려서부터 질병과 우환이 끊이지 않아 나이가 겨우 오십을 넘었으나 귀와 눈의 기운이 백 살 먹은 노인과 같아서 조용히 집안에 있는 것도 오히려 어려운 처지인데 조정에서 밤낮으로 봉행하는 일은 참으로 지탱하기 어려운 일입니다.

엎드려 생각컨대 전하께서는 신의 어리석음을 살피시고 신의 고민을 가엾게 여기시어 속히 명을 내리시어 신의 직책을 거두어 다른 사람에게 내리소서. 신과 같은 보잘 것 없는 이는 참으로 소명召命을 욕되게 할 수 없습니다.

오직 원하옵건대 전하께서는 수양에 힘쓰시어 선악을 밝히시고 충사忠邪를 분별하시어 바른 기강을 떨쳐 은택이 백성에게 미치도록 하신다면 신은 거리에서 땅을 치며 즐거워하는 백성이 되어 성덕聖德을 노래하는 것으로 만족하게 여길 것입니다.

수우당은 이 글로 인하여 붕당을 만드는 간신배들의 미움을 받게 되었다. 이 상소에 의하면 국론이 분열돼 앞으로 붕당이 일어날 불길한 조짐을 예견했으며 임금으로 하여금 위기지학爲己之學에 힘쓰고 충성스런 신하와 사악한 신하를 분별해야 한다고 충언을 하고 있다.

그 후 지평에 다시 제수 되었으나 모두 나아가지 아니했다.

사지평소 1

사지평소 2

    1585년에 소학小學 사서四書 언해교정청諺解校正廳의 낭청郎廳으로 부름을 받았으나 사양하고 나아가지 않았다. 당시 선조가 어질고 경서에 밝은 사람을 불러 교정校正하게 하였는데 수우당과 한강 정구, 곤재困齋 정개청鄭介淸, 만전晩全 홍사신洪司臣, 구암久菴 한백겸韓百謙등이 동시에 부름을 받았다.

    1587년에 한강 정구가 함안군수가 되어 진주 도동으로 수우당을 방문하여 주례周禮 등을 강론하였는데 당시 찾아 온 어진 선비들이 많았다.

## 제5장
# 경의敬義 실천에 힘쓰다

회봉 하겸진은 수우당을 '산해문정山海門庭의 고제高弟'라고 했다. 수우당의 학문은 당연히 남명의 학문과 그 맥이 통한다고 할 수 있다.

면우俛宇 곽종석郭鍾錫도 "선생은 일찍이 학문學問에 전념하여 세상에 부긍浮兢한 일들에 뜻을 두지 아니하였으며 남명 조선생을 뵈옵고 마음으로 기뻐하여 집을 남쪽으로 옮기고 날마다 산천재山天齋에서 스승의 곁을 주선周旋하면서 학문에 힘쓰고 즐겨 게을리 하지 않았다"고 하여 남명의 학문에 전념했다는 것을 밝혔다.

결국 수우당은 평생 남명의 학문 요체인 경敬과 의義 실천에 힘을 기울였다는 것을 알 수 있다.

수우당은 일생 동안 '소학小學'과 '근사록近思錄'을 가까이 두고 숭상했으며 육경사자六經四子는 항상

산천재

옆에 두고 탐독하였다.

독서를 할 때는 한 자도 그냥 지나치는 일이 없었다. 『수우당실기守愚堂實記』『유사실록遺事實錄』에 "선생은 책을 볼 때 한 자도 그냥 지나치지 않았으며 침잠하게 깊이 탐구하여 반드시 그 언외言外의 깊은 뜻을 구하였고 또한 자기에게 절실한 것을 취하였다. 평소의 이야기에서도 일상생활의 규범이 될 수 있는 것은 체득하여 깊이 음미하였다. 귀로 듣고 입으로 말만 하면서 실천에 힘쓰지 않는 사람들을 보면 나는 겉으로만 따르고 스스로를 기만하는 사람을 싫어한다"라고 기록되어 있다.

또 "선생은 뜻을 지키되 겸손히 하여 자기의 뛰어난 점을 감추기에 힘썼다. 문장을 논함에 구차스럽게 박식한 채 않았으며 도리를 이야기할 때에도 일찍이 스스로 전부를 끝까지 해석하지 않고 항상 불학 무문 등의 말로 자기를 낮추었다. 혹 배우기를 청하는 이가 있으면 나의 학문이 그대를 가르치기에 부족하다고 사양하였다. 또한 후생들이 독서의 중요성을 믿지 않고 의심하면 선생이 말하기를 "어찌 책을 읽지 않아도 된다고 하겠는가. 다만 도리를" 담론하기만 좋아하고 사람을 속여 명리名利만 취하면서 실제로는 정확한 식견이 없는 것이 병통이다"라고 질책하였다. 자기를 기만코자 아니했을 뿐 아니라 다른 사람도 기만코자 아니하였다.

수우당은 어려운 생활을 하면서도 즐거움을 바꾸지 않았으며 한 순간이라도 그 공부工夫를 쉬지 않았다.

항상 배우는 이에게 반드시 말하기를 "나는 의리의 학문을 능히 실천하지는 못하나 다만 지나간 말과 행동을 살펴 사양하고 수용하며 취하고 주는 것에 구차스럽지 아니 하고자 할뿐이다"라고 했다. 이것은 경의敬義에 바탕을 둔 학문이며 독서의 차례 및 학습의 요법이었다.

수우당은 문장을 화려하게 꾸미는 일에 힘쓰지 아니하였다. 일찍이 말하기를 "문장의 요점은 모름지기 언어가 간략하면서도 이치가 함축되어 있으면 족한 것이지 어찌 반드시 문사文辭를 잘 다듬기만 하고 의리義理에 어두워서야 되겠는가. 정명도는 일찍이 저서를 많이 남기지 않았으나 주렴계周濂溪의 도통道統을 전하였으니 어찌 위대하지 아니한가" 라고 하였다.

수우당의 학문은 경과 의에 바탕을 둔 위기지학爲己之學에 힘썼고 문장을 수식하는데 힘쓰지 않고 '경이직내敬以直內' '의이방외義以方外'의 정신을 잃지 아니하였다.

수우당은 식견이 높고 마음가짐이 매우 엄하였다. 말하고 웃는 것을 가볍게 하지 않았으며 주고 받는 것이 근신하여 그 의로운 것이 아니면 지푸라기 하나도 사람에게서 받지 않았고 올바른 사람이 아니면 아무리 귀한 사람에게도 나아가기를 즐기지 않았다. 속습과 명예에 초탈하여 초연히 도의 가운데 즐겼으며 숙연히 우뚝서서 진실로 세상을 피하여 아무런 근심없이 흔들리지 않는 뜻을 가졌으며 또한 봉황이 천길 날아오르는 것과 같은 기상이 있었다.

## 제6장
## 도의道義로 벗과 사귀다

　수우당은 남쪽으로 내려와 남명학파의 기라성 같은 선비들과 벗이 되어 도의로써 교유했다.
　『수우당 실기』에 "선생은 한강 정구, 동강 김우옹, 덕계 오건, 각재 하항, 황암 박제인, 대소헌 조종도 등과 벗이 되어 도의를 서로 북돋우며 절차탁마하니 함양하는 바가 더욱 두터워지고 조예가 더욱 깊어졌으며 인품이 높고 기상이 엄숙하여 늠름히 사람으로 하여금 경모함을 일으키게 하였다"라고 기록되어 있다.
　1576년 덕천서원 창건 당시 수우당과 함께 일을 했던 각재, 영무성 하응도, 무송 손천우, 조계 유종지 등도 절친한 벗이라고 할 수 있다. 또 수우당은 남명 문하에서 많은 동학들과 공부를 했다. 이들 모두 수우당의 교유인이라고 할 수 있다.
　인조반정 후 남명 선생과 관련된 기록들이 온전히

보존되지 못했다는 점을 감안할 때 수우당에 관련된 기록 역시 많은 부분 멸실된 것이 틀림없다. 하지만 남명학파의 후손들이 집에서 전해오는 기록과 전언을 토대로 만든 문집 실기 등에 남아 있는 수우당 관련 기록들을 중심으로 교유인을 살펴보는 것도 의미 있는 일이라 생각된다.

## 덕계 오건(1521~1574)

오건吳健의 자는 자강子强이며 호는 덕계德溪이다. 1521년 4월 2일 산음현 덕천리(현 산청군 덕촌)에서 태어났다. 조부는 교수공 식軾이며 부친은 참봉공 세기世紀이다.

31세 때 남명의 문하에 들어가 학문을 연마했다. 39세 때 성주교관으로 부임해 옥봉정사를 세워 제자들을 교육하였는데, 한강 정구가 이때 와서 학문을 익혔다. 43세때는 도산을 찾아 퇴계를 만났다. 퇴계와 중용을 비롯한 경전을 토론하였다. 『연평답문질의』가 유명하다. 퇴계는 "특히 중용에 있어서는 내가 알고 있는 바가 공에게 미치지 못한다" 라고 하였다.

만년에 벼슬을 사양하고 서계에 조그마한 정자를 짓고서 화초를 가꾸고 고기를 기르면서 학문과 교육에 전념하였다. 벼슬을 버리고 돌아온 지 3년만인

덕계 신도비

1574년 7월 24일 54세의 나이로 세상을 떠났다. 벼슬은 통훈대부 홍문관 전한 지제교 경연시강관 춘추관 편수관에 이르렀다.

1606년 한강 정구 등 사림들이 서계에 서원을 세워 봉향을 하였다. 1677년 서계서원으로 사액됐다.

수우당과 덕계는 모두 남명 문인이다. 「남명선생연보南冥先生年譜」에 의하면 덕계는 1551년, 수우당은 1565년 입문을 했다.

수우당이 입문할 당시 덕계는 조정에서 벼슬을 하고 있었다. 수우당도 서울에 살고 있었다. 동문인 두 사람은 교유가 깊었을 것으로 생각된다.

덕계가 이조정랑으로 있으면서 많은 폐단을 바로잡고 시시비비를 가릴 때 사람들의 원망을 아랑곳 하지 않으니 여러 소인들이 미워하고 질시를 했다.

이때 수우당은 "오자강吳子強은 조정朝廷에서 벗을

사귐에 고지식하게도 충신忠信에만 힘쓸 뿐이니 고인古人의 풍도風度가 있었다"고 했다.

후에 덕계의 아들인 사호 오장吳長(1565~1617) 에게도 "너의 부친은 신의가 있고 덕이 두텁고 질박하고 정직한 사람으로 벗들 사이에서도 선악을 조금도 숨기지 않았다. 너 또한 그렇게 할 수 있겠느냐"라며 덕계와 주고 받은 편지 5~6편을 주니 오장이 눈물을 흘리면서 말하기를 "요즘 신망이 두터워 남을 속이지 않은 사람을 어찌 다시 볼 수 있겠습니까" 라고 한 기록이 『산해사우연원록山海師友淵源錄』에 보인다.

덕계가 이조정랑으로 능제陵祭에 집사를 분정分定할 때 당시 영의정 이준경李浚慶의 사위도 그 가운데 참여하게 되었다.

이준경이 간찰을 보내어 바꾸어 줄 것을 요청하였으나 덕계가 따르지 않았다. 이준경이 말하기를 "지금에 이와 같이 꼿꼿한 사람을 볼 줄은 생각지 못했다"고 하였다. 이를 수우당이 듣고 말하기를 "영의정의 요청이 잘못된 것이긴 하지만 이조정랑으로서 따르지 않는 것은 참으로 드문 일이다. 그러나 들어준다 하여도 또한 의리에 크게 해될 것이 없다. 만약 장차 큰 인물이 되고자 한다면 사소한 일로 매양 윗사람의 뜻을 거스르는 것은 마땅치 않다"고 했다.

또 덕계가 이조정랑으로 있을 때 김효원에게 말하기를 "내가 이조에 있은 지 수년이 되도록 사람을 얻지 못했더니 이제야 비로소 당세의 뛰어난 인물을 얻었다" 하니 김공이 급히 말하기를 "반드시 우리 최장崔丈일 것이다. 태산을 요동시키는 것은 오히려 쉬워도 우리 최장의 마음을 돌려놓기는 어려우니 공이 능히 일으킬 수 있겠는가"라고 했다.

수우당은 덕계를 신의가 있고 덕이 두텁고 질박하고 정직한 사람으로 인식했다. 이러한 성품으로 조정에서 시기와 질투를 받는 것을 걱정했지만, 벗들과 사귈 때도 선과 악을 숨기지 않고 책선을 한 것을 알 수 있다.

수우당이 사호 오장에게 교유한 편지 5~6장을 건네 준 것을 볼 때 두 사람은 잦은 교유를 한 것으로 알 수 있지만 지금 그 편지는 전해지지 않고 있다.

### 내암 정인홍(1535~1623)

내암來菴 정인홍鄭仁弘의 본관은 서산瑞山 자는 덕원德遠이다. 남명의 제자로서 수우당 덕계 각재 동강 한강 등과 남명학파南冥學派를 대표하였다.

1589년 정여립 옥사를 계기로 동인이 남북으로 분립될 때 북인에 가담하여 영수領首가 되었다.

임진왜란이 일어나자 합천에서 성주에 침입한 왜군을 격퇴하고, 10월 영남의병장의 호를 받아 많은 전

공을 세웠다. 이듬해 의병 3,000명을 모아 성주 합천 고령 함안 등지를 방어하였으며, 의병활동을 통하여 강력한 재지적在地的 기반을 구축하였다.

광해군이 즉위하자 대사헌에 기용되어 대북정권을 수립하였다. 스승 조식의 추존사업을 적극 추진했다. 저서로는 『내암집』이 있다.

수우당에 대한 내암의 생각은 그가 지은 수우당 묘갈명에 잘 드러나 있다.

선생의 인의仁義는 천성天性이요 사생상사事生喪死에 공경과 효성을 다 이루어 사람들이 이간할 틈이 없었다 하였고 일찍부터 높이 뛰어나 습속에서 벗어났으며 명성과 이익에 초연하였다. 곤궁하였으나 근심하지 않았으며 뜻을 지켜 스스로를 믿었으니 천하 만물이 족히 그 마음을 움직이고 그 지조를 바꾸게 할 수 없었다. 독서를 할 때는 자기에게 절실한 것으로 하였고 문장 꾸미기를 일삼지 않았으며 언행은 암암리에 법도에 합치하였으며 고인에 부끄러움이 없었다.(중략)

옥중에 있을 때 날마다 대궐을 향하여 앉아 일찍이 한 순간도 변함이 없었으며 담소가 평일과 같아 조그마

내암 신도비

내암의 부음정

한 기미도 얼굴에 나타냄이 없었다. 유사가 이에 미쳐 방자하게 위협하여 곤욕을 주고 무함코자 하였으나 공은 태연히 마음에 두지 않았으며 응대함에 조금도 굽히지 않았다.

왕옥에는 일찍이 비록 아무리 귀한 사람이 갇히더라도 그 치욕을 거리낌 없이 주었는데 공을 섬김에는 그 공경함이 마치 어진 노복이 엄한 주인을 섬기는 것 같았으니 이것은 또한 공의 풍신이 스스로 완악한 무리를 감동시킨 것이라고 할 수 있다.

슬프다. 공이 끝내 면하지 못한 것은 사람의 짓이지 하늘이 아니다. 하늘은 참으로 다스렸건만 사람이 마침내 이를 모함하였으니 공이 움직인 바는 하늘이요 공이 불능한 것은 사람이라 군자가 인사에 불능한 것은 오래전부터

도의道義로 벗과 사귀다

이다.

    명하여 이르기를

목암동 산등성이
사척 봉축 공의 묘소
일신은 죽어도
도 지킴 더욱 빛나니
이에 돌을 세우니 유풍은 길이 길이

    내암은 수우당을 천성이 어질고 의롭다고 하면서 공경과 효성을 다 이루어 사람들이 이간할 틈이 없었다고 하였다.
    또 "곤궁하였으나 근심하지 않았으며 뜻을 지켜 스스로를 믿었으니 천하만물이 족히 그 마음을 움직이고 그 지조를 바꾸게 할 수 없었다. 독서를 함에 자기에게 절실한 것으로 하였고 문장 꾸미기를 일삼지 않았으며 언행은 암암리에 법도에 합치하였으며 고인에 부끄러움이 없었다"고 했다.
    그러면서 공이 끝내 면하지 못한 것은 사람의 짓이지 하늘이 아니다라고 하였다. 하늘은 참으로 다스렸건만 사람이 마침내 이를 모함하였으니 공이 움직인 바는 하늘이요 공이 불능한 것은 사람이라고 하여 모함으로 세상을 떠난 것을 애석하게 여겼다.

## 각재 하항(1538~1590)

각재覺齋 하항河沆은 진주 수곡리水谷里(현 수곡면 효자리 정곡마을)에서 태어났다. 본관은 진양晉陽으로 자는 호원灝源이며, 아버지 풍월헌風月軒 인서麟瑞는 남명선생과 친분이 있었다. 형 환성재喚醒齋 락洛은 임란 때 상주성에서 아들 경휘鏡輝와 함께 순절하였다.

각재는 어려서부터 총명하였으며 부친의 명으로 후계後溪 김범金範(1515~1566)에게서 처음 수학하였다. 후계는 상주 출신으로 학행으로 천거되어 옥과현감에

대각서원

제수된 인물로 후에 옥성서원玉成書院에 제향되었다.

남명선생이 덕산으로 들어오자, 제자의 예를 갖추고 스승으로 섬기며 소학 근사록 성리서 등을 배웠으니 남명선생이 '나의 벗'이라고 하면서 "내가 인재를 얻어 가르친다"라고 까지 칭찬해 마지않았다 한다.

일찍이 스승 남명이 '설중한매雪中寒梅(눈속에 핀 매화)'라고 하여 인품의 깨끗함을 칭찬했다.

수우당과는 기상은 비록 같지 않았으나 서로 매우 존중하였다. 수우당이 각재를 두고 이르기를 "호원灝源은 백사장의 백로 같은 사람"이라고 하여 기질을 칭찬하였으며, 각재 또한 수우당이 기축옥사에 연루되어 화를 당하자 소를 올려 원통함을 펴려고 하였으나 뜻을 이루지 못하였다.

덕계 오건은 각재를 두고 "처사處事에 온건하다"라고 하여 자질의 순후함을 말하였고 한강은 "각재와 수우당은 기상이 비록 같지는 않지만 대절大節에 임하여서는 지조를 굽히지 않는 것이 각재도 수우당 못지 않다" 하여 지조가 굳은 사람임을 말하였다.

일찍이 각재는 수우당을 찾아가 '제수우당題守愚堂'이란 시를 남겼다.

| | |
|---|---|
| 은거하는 남강 가를 찾아가니 | 訪隱江南曲 |
| 띠 집이 대나무 속에 엿보이네 | 茅簷竹裏呈 |
| 속세를 버린 뜻 이미 굳게 맺혀져 | 魚盟曾固結 |

| 기러기 주살 실에 휘감기 어렵다네 | 鴻繳自難縈 |
| 영수는 당시唐時의 여운餘韻이요 | 瀨水唐時響 |
| 봄산은 한일漢日의 푸르름이다. | 春山漢日靑 |
| 아득한 천지 밖에 | 茫茫天地外 |
| 누가 고금의 이름 보전할 것인가 | 誰保古今名 |

## 서애 류성룡(1542~1607)

　서애西厓 류성룡의 본관은 풍산豊山이며 자는 이견而見이다. 퇴계 이황의 문인으로 김성일金誠一과 동문수학하였으며 서로 친분이 두터웠다.

　정여립의 모반사건으로 기축옥사가 있게 되자 여러 차례 벼슬을 사직하였으나 왕이 허락하지 않자 소疏를 올려 자책自劾하였다.

　1590년 우의정에 승진, 광국공신光國功臣 3등에 녹훈되고 풍원부원군豊原府院君에 봉하여졌다. 이해 정여립의 모반사건에 관련되어 죽게 된 수우당을 구제하려는 소를 초안하였으나 올리지 못하였다.

　1604년 호성공신扈聖功臣 2등에 책록되고 다시 풍원부원군에 봉하여졌다.

　도학道學 문장文章 덕행德行 글씨로 이름을 떨쳤고, 특히 영남유생들의 추앙을 받았다. 안동의 병산서원屛

山書院 등에 제향되었다.

1584년에 서애가 영남의 도백으로 순행할 때 진주에 이르러 수우당을 방문하였다. 당시 수우당은 높은 벼슬아치 중에서 찾아와 만나기를 청하는 이가 있더라도 기뻐하지 않아 문득 거절하고 들이지 않았다.

서애가 일찍 그의 이름을 듣고 집으로 찾아가니 흔연히 나와 맞이하고는 술자리를 마련하여 정성스럽게 베풀었다. 술기운이 올라 이야기가 당대 일에 이르자 사람들을 놀라게 했다고 한다.

## 한강 정구(1543~1620)

한강寒岡 정구鄭逑의 자는 도가道可, 본관은 청주淸州로 판서 사중思中의 아들이다. 성주이씨星州李氏와 혼인한 인연으로 성주에 정착하였다.

12세 때 남명의 제자였던 덕계 오건이 성주향교의 교수로 부임하자 그 문하생이 되어 '주역' 등을 배웠다. 1563년에 이황과 조식에게서 성리학을 배웠다. 그 이듬해 상경하여 과장科場까지 갔다가 시험에 응하지 않고 귀향하였고, 그 뒤로는 과거를 단념하고 구도의 일념으로 학문에만 열중하였다. 한강의 학문하는 자세와 인격수양의 방법은 이황을 닮았고, 천성이 호방하고 원대한 기상은 조식의 모습 그대로였다고 한다.

백매원

1608년 대사헌이 되었으나, 임해군臨海君의 옥사가 일어나자 이에 관련된 사람을 모두 석방하라는 상소를 올린 뒤 고향으로 돌아갔다. 1613년 계축옥사가 일어나자 상소하여 영창대군永昌大君을 구하려 하였으며, 향리에 백매원百梅園을 세워 제자들을 교육하였다. 경서經書를 비롯한 모든 분야에 통달하였는데, 그 중에서도 예학禮學은 특출하였다.

인조반정 이후 이조판서에 추증되고, 성주의 회연서원檜淵書院 천곡서원川谷書院 충주의 운곡서원雲谷書院 창녕의 관산서원冠山書院 성천의 학령서원學翎書院 통천의 경덕사景德祠 등에 제향되었으며, 시호는 문목文穆이다.

1589년 수우당은 한강의 백매원을 방문했다. 때마

침 중춘仲春에 매화가 만발하여 손님들은 입이 마르도록 칭찬을 하였는데, 수우당은 노복을 불러 도끼를 가져오게 하고 그로 하여금 정원에 가득한 매화를 베어버리게 하였다. 모두가 괴이하게 여겨 만류하니 수우당이 빙그레 웃으면서 노복으로 하여금 매화를 경계하게 하면서 말하기를 "너를 귀하게 여기는 까닭은 마땅히 백설이 가득한 깊은 골짜기에 처하여 절조를 볼 수 있기 때문이다. 이제 복숭아 꽃 버들로 더불어 봄을 다투니 너의 죄는 참벌하여야 마땅할 것이나 사람들의 만류로 그만두니 너는 이후로 마땅히 경계함을 알아야 할 것이다" 라고 하였다.

수우당은 일찍이 한강을 방문하여 이틀 밤을 머물면서 이야기를 하였는데 한강이 무릇 세수와 갓 쓰기를 수우당 보다 먼저 하지 않았다고 한다.

문인들이 그 까닭을 물으니 한강이 말하기를 "어른은 대접하는 예는 마땅히 이와 같아야 한다"라고 했다. 당시에 사방의 명사들이 모두 모여 있었는데 신연 송사이도 역시 참석하였다. 수우당은 신연이 이르는 것을 보고 즉시 계단으로 내려가 절을 하며 맞이하여 더불어 말을 함에 반드시 '선생' 이라고 칭하였다.

# 신연 송사이(1519~1592)

　신연新淵 송사이宋師頤의 자는 경숙敬淑, 본관은 합천陜川으로 야성군冶城君 길창吉昌의 후손이다. 성주에 살았다. 1570년(선조 3) 생원시에 합격하여 성주교수 등을 지냈으나 곧 사직하고 향리에 은거하였다. 수우당, 한강, 동강 등과 교유하면서 학문을 닦았다.

　그는 평소 조행操行이 견고하고 온의溫毅한 태도를 지녀 남명이 그의 집을 자주 찾아가 고금의 일을 토론하였다 하며, 정구도 그를 엄사嚴師와 같이 대하며 함께 의리를 강구하면서 동향의 선비들과 월강月講의 계契를 맺기도 하였다고 한다. 성주의 신연서원新淵書院에 제향 되었다.

　수우당이 일찍이 회연으로 한강을 방문하러 갔다. 이때 사방의 선비들이 다 모였는데, 신연 역시 모임에 참석했다. 이때 수우당이 신연이 오는 것을 보고 계단 아래로 내려가 맞이하면서 선생이라고 불렀다.

　수우당은 성격이 엄정 강직하여 마음을 터놓는 사람들이 적었는데, 신연을 만날 때 마다 예절을 갖추어 말하기를 "우리 남명 선생도 공을 대할 때 좋아하고 공경하는 마음을 가졌다" 라고 했다.

## 행촌 민순(1519~1591)

행촌杏村 민순의 본관은 여흥驪興, 자는 경초景初이다. 어려서는 신광한申光漢의 문하에서, 장성한 뒤는 서경덕徐敬德의 문하에서 수학하였다.

1568년(선조 1) 효행으로 천거되어 효릉참봉孝陵參奉에 임명되었으나 곧 학행이 알려져 전생서주부典牲署主簿로 승진되고 이어 공조 형조의 좌랑을 거쳐 토산현감兎山縣監으로 나갔다가 곧 벼슬을 버리고 고향인 고양으로 돌아가 학문에 전심하였다. 홍가신洪可臣 한백겸韓百謙 홍치상洪致祥 등이 그의 문하에서 배출되었다.

개성의 화곡서원花谷書院, 고양의 문봉서원文峯書院에 제향되었다. 저서로는 『행촌집』이 있다.

행촌은 일찍이 말하기를 "수우당은 뼈에 사무치도록 가난하였다. 오히려 태연히 흉금이 쇄락하여 항상 즐겼으나 안빈낙도의 군자가 아니면 그렇게 할 수 없다."라고 하면서 두려운 벗이라고 칭했다.

수우당이 세상을 떠나자 그의 문인 중에서 수우당에 대해 거칠고 오만한 말을 하는 이가 있어 행촌이 바로 교유를 끊어버렸다고 한다.

## 영무성 하응도(1540~1610)

영무성寧無成 하응도河應圖는 자가 원룡元龍 본관은 진주이다. 26세 때 남명 선생의 문하에서 수우당을 처음으로 만났다.

1589년에 기축옥사가 일어나자 해고海皐 이광정李光庭(1552~1627)에게 편지를 보내 수우당을 구해줄 것을 부탁하였다. 이때 류종지는 모함을 받아 죽고, 수우당은 왕옥에 갇혀있었는데, 당시 무리들이 수우당을 매우 미워했기 때문에 이광정도 어찌할 수 없었다. 다음 해 서울로 올라가서 이광정과 월사月沙 이정구李廷龜에게 편지를 보내 수우당을 구할 방법을 의논하였다. 9월에 수우당이 죽자, 치상治喪하고 돌아왔다.

1610년 2월 71세로 세상을 떠났다. 세상을 떠나면서 전에 남명 선생이 부녀자들에게 울지 못하게 한 것과 '사상례士喪禮'를 주면서 그것에 의해 치상治喪하게 한 것을 말하고 그대로 따르게 하였다.

1718년(숙종 44년) 2월 28일에 대각서원大覺書院에 배향配享되었다.

# 대소헌 조종도(1537~1597)

대소헌大笑軒 조종도趙宗道의 자는 백유伯由이고 본관은 함안咸安으로 시호는 충의忠毅이다.

조종도는 23세(1559년) 봄에 남명선생을 배알하였다. 그의 장인 이준민李俊民은 남명선생의 생질이 되며 이러한 인연으로 문하에 출입하였다.

54세(1590년) 4월에는 체포당하여 옥에 갇혔을 때, 정여립 사건이 끝나지 않아 조종도 역시 연루자로 오인 받게 되었다. 이로 인해 사람마다 떨고 두려워하였

대소헌 묘소

다. 그러나 대소헌은 태연자약하였다. 수우당과 옥중에 있으면서 옥졸을 자기 집 종 부리듯 호통을 하고 조종도는 웃고 농담을 즐기면서 옥중 생활에 평상시와 다름없이 당당하였다. 7월에 혐의가 없어 집으로 돌아왔다. 그 때 수우당은 옥중에서 숨졌는데, 대소헌은 수우당의 말만 들어도 문득 슬퍼하였다고 한다.

1596년에는 함양군수가 되었는데, 다음해 정유재란이 일어나자 명을 받고 안음현감 곽준과 함께 의병을 규합, 황석산성黃石山城을 수축하고 가족까지 이끌고 들어가 성을 지키면서 가등청정이 인솔한 적군과 싸우다가 전사하였다

세상을 떠난 후 이조판서에 추증되고 정려를 받았으며 함안의 덕암서원德巖書院 안의의 황암서원黃巖書院 진주의 경림서원慶林書院 등에 배향되었다.

## 죽각 이광우(1529~1619)

죽각竹閣 이광우李光友는 단성 배양 마을에서 태어났다. 본관은 합천으로 아버지는 참봉 잠潛이며 어머니는 성주 이씨이다. 자는 화보和甫이다.

10세 때부터 백부 청향당 이원에게 소학小學을 배웠으며, 이듬해 종형從兄 송당松堂 이광곤李光坤과 함께 효경孝經을 공부하였다.

36세때 일신당日新堂 이천경李天慶과 청향당 서재인 구사재九思齋에서 성리대전을 읽고 이듬해 뇌룡사로 남명 선생에게 공부하러 갔다가 수우당을 만났다.

이때 수우당은 서울서 남명의 명망을 듣고 문하에서 공부하기 위해 왔는데, 두 사람은 동갑으로 서로 늦게 만난 것을 한탄할 정도로 뜻이 잘 맞았다. 수우당은 죽각을 보고 이르기를 "화보는 집이 가난하지만 스스로를 지켜 물욕에 얽매임이 없으니 참으로 군자라 할 만하다" 라고 하면서 죽각의 인품을 칭찬하였다.

1702년에 도천서원道川書院에 위패를 봉안하였다가 1788년에 다시 배산에 서원을 복원하여, 1792년 백부 청향당과 더불어 위패를 봉안하였다.

죽각은 병 중에 있으면서 수우당이 무함을 받아 옥에 구금되었다는 소식을 듣고, "공은 죽었구나. 나와 공은 스스로 마음을 함께 하는 벗으로 허여하였다. 그런데 지금은 병들어 한 마디 말로도 그의 억울함을 소송할 수 없으니, 내 무슨 면목으로 세상에 설 수 있겠는가?" 라고 했다.

## 옥동 문익성(1526~1584)

옥동玉洞 문익성文益成은 합천陜川 출신으로 본관은 남평南平 자는 숙재叔裁이다.

25세 때 남명선생을 뵙고 가르침을 청했다. 남명 문하에 출입하면서 덕계 오건, 수우당 최영경, 각재 하항 등과 각별히 지내면서 학문을 연마하였다.

36세 때 문과에 급제하였다. 이듬해 덕산 산천재로 남명을 찾아가 성현들의 마음 공부에 대해 들었다. 이때 남명이 지니던 칼에 새긴 명銘을 보여 주면서 경의敬義의 뜻을 깨우쳐 주었다.

1549년(명종 4) 사마시에 합격한 뒤, 1561년 식년문과에 병과로 급제하고 이어 1566년 홍원현감으로 문과중시文科重試에 급제하였다. 도승지 겸 직제학을 추증 받았다. 합천의 도연서원道淵書院에 배향되었다.

## 동곡 이조(1530~1580)

동곡桐谷 이조李晁는 1530년 단성에서 태어났으며 자는 경승景升이며 본관은 성주星州이다. 남명 선생의 문하에서 수업하였고 수우당과 각재 등 제현諸賢과 도의로 사귀었다.

43세때 남명선생이 세상을 떠나자 제문을 지어 애도하는 마음을 나타내고 이듬해 5월 성균관 학정學正을 제수 받았다. 6월에 호송관에 임명되어 일본 사신을 동래까지 호송하게 되었다. 이때 일본 사신이 후추 1자루를 선물로 주려 하자, 동곡은 거절하며 말하기를

"신하된 자가 사사로운 선물은 받을 수 없다"라고 하였다. 사신은 이를 듣고 그 청렴함에 놀라워하면서 "선생의 청렴함은 한 조각 맑은 얼음 같아 이 더운 6월에도 서늘하게 느껴집니다"라고 하였다. 45세때 성균관 전적, 사헌부 감찰, 공조정랑 등을 두루 지내고 고향으로 돌아왔다. 51세때 조정에서 다시 예조좌랑의 벼슬로 불렀으나 역시 나아가지 않았다. 이해 4월 부인 강씨가 세상을 떠나고 이어 12월 23일 동곡도 원당에서 세상을 떠나니 향년 51세이다.

## 영모정 하진보(1530~1585)

영모정永慕亭 하진보河晋寶의 자는 덕재德哉로 생원 하위보河魏寶의 아우다. 천성이 편안하고 즐거워했고 도량이 너그러웠다.

일에 임하고 사물을 대할 때 밖으로는 부드럽고 안으로는 밝았다. 1555년 문과에 올라 검열檢閱을 거쳐 서장관書狀官이 되고 대시臺侍를 역임하며 주부를 두루 맡아 다스리니 모두 치적과 명성이 있었다.

벼슬은 사간司諫에 이르렀다. 단지동丹池洞에 살았다.

만년에 수우당과 도의로 사귀었다. 영모정의 병이 위독할 때 수우당은 문병을 가서 직접 약을 조제하여 주었다. 그가 세상을 떠났을 때에 수우당은 염습에 필요한 것들을 친히 관장하여 예를 다했으며 간직하고 있던 관재를 내어 부의를 하였다.

## 무송 손천우(1533~1594)

무송撫松 손천우孫天祐의 자는 군필君弼이고 본관은 밀양密陽으로 수곡水谷에 거주하였다. 무송은 남명선생이 삼가三嘉에서 덕산德山으로 옮기자 제자가 되기를 청했다. 이에 남명선생은 그의 원대한 뜻을 헤아리고 『소학』 『근사록』 등의 각종 성리서를 가르쳤는데, 이를 열심히 익혀 부귀 현달을 구하기 보다는 평생 동안 자기 수양을 위한 학문에 정진하였다.

수우당과 도의지교를 맺었다. 그는 자주 "깊은 학문의 경지에 나아가기 위해서는 가까운 데부터 착실히 배워야 한다"고 하면서, 과정을 뛰어 넘거나 거만하게 굴지 않고 차근차근 공부에 매진하였다. 이를 본 남명선생이 기특하게 여겨 훗날 자신의 뒷일을 부탁하기도 하였다.

그의 학문과 덕행을 추모하기 위해 대각서원大覺書院에 위패가 모셔졌다.

## 황곡 이칭(1535~1600)

　황곡篁谷 이칭李偁의 자는 여선汝宣이고 본관은 성산星山이다.
　일찍이 남명 선생의 문하에 나가 군자가 몸을 세우고 자신을 실천하는 방법에 대해 배웠다. 최영경, 김우옹, 정구, 장현광 등과 함께 도의로 교분을 맺고 학문을 연마하며 서로 의지하였다.
　수우당은 지조가 탁월하여 사람들과 교유하기를 좋아하지 않았는데, 황곡을 보고는 "문득 얼굴빛을 고치고 예를 갖추어 대하였다"고 한다.
　황곡은 1600년(선조 33년) 12월 16일 병으로 검암정사儉巖精舍에서 66세의 일기를 마치고 세상을 떠났다.


## 황암 박제인(1536~1618)

　황암篁嵒 박제인朴齊仁은 함안 평광리平廣里 집에서 태어났으며 자는 중사仲思이다. 어릴 때부터 공부에 뜻을 두고 약관의 나이에 성현들의 가르침을 글로 써서 공부하는 좌우에 붙이고 마음을 다스리고 행동하는 규칙으로 삼았다.
　20세때 형 제현과 함께 남명선생을 찾아가 제자가

되기를 청했다. 남명 문하에서 수업하면서 수우당 각재 등과 도의로써 사귀었다.

황암은 희노의 감정을 일체 얼굴에 나타내지 않아 종일토록 엄숙함이 마치 신명을 대하는 듯 하였다. 이에 수우당은 도의로써 학문을 북돋았다.

## 운당 이염(1537~1587)

운당雲塘 이염李琰은 진주 조동槽洞에 거주했다. 본관은 고성固城으로 자는 옥오玉吾이다. 『덕천사우연원록』에 "일찍이 소학 공부에 힘을 쏟아 이를 바탕으로 대학 공부에 더욱 정진한 인물"로 기록돼 있다.

수우당이 살던 도동 건너편 남강가 임연대 위에 임연정臨淵亭을 지어 인근 고을 선비들을 초청하여 풍류를 즐겼다.

운당은 수우당과 각별한 사이었다. 두 사람은 남강을 서로 사이에 두고 바라보며 때로는 노를 저어 거슬러 올라가며 서로 노니 사람들이 남쪽 지방의 두 처사라고 불렀다.

수우당이 항상 칭찬하여 말하기를 "내 교유한 바가 많지만 진실에 힘쓰고 행함에 돈독한 이로는 일찍이 이 사람 같은 이를 보지 못했다."고 하였다.

51세 때 임종을 앞두고 수우당 조계 등에게 "수년

임연대터

후에 내가 먼저 간 것을 부러워하리라"라고 했는데 기축년에 수우당 조계 등이 기축옥사에 연루돼 억울한 누명으로 세상을 떠날 것을 미리 예견한 것이다.

## 모촌 이정(1541~1613)

모촌茅村 이정李瀞은 1541년(중종 36) 함안 모곡리에서 참판 경성景成의 아들로 태어났으며, 본관은 재령載寧 자는 여함汝涵이다.

19세때 남명선생에게 나아가 제자가 되어 학문에 전념하였다. 32세 때 남명이 세상을 떠나자 제자의 예로서 상을 마쳤으며, 4년 후 수우당 각재 등과 함께 덕천서원을 창건하는 일에 참여하였다. 43세 때 부친상을 당해 3년상을 마쳤으며, 45세 때 각재 조계 등 여러 선비들과 진주의 공옥대拱玉臺에서 학문을 강론하였다. 50세 때 여러 동지들과 합천향교에 모여 수우당 신원소를 올리는 일을 의논하였다. 이때 수우당은 정여립 모반사건에 연루되어 억울한 옥살이를 하고 있었다. 이 지역 유림들의 뜻으로 수곡의 대각서원에 배향되었으며, 1722년에는 함안의 도림서원에 배향되기도 하였다.

## 남계 정승윤(1541~1610)

남계南溪 정승윤鄭承尹의 자는 임중任仲으로 본관은 진양이다. 재종형 정대호鄭大濩와 함께 구암 이정의 문하에 나아가 배웠다. 1507년 진사시에 합격하였으나, 과거는 단념하고 오직 위기지학爲己之學에 힘써 『심경心經』 등에 잠심하였다. 임진왜란이 발발하자, 초유사 김성일金誠一을 도와 백암白巖 김대명金大鳴이 창의倡義하도록 하였으며, 난이 평정된 후에는 피폐해진 민심을 수습하며 향촌 교화에 힘썼다. 성여신 이정 박민 등과 교유하였다.

일찍이 수우당은 "임중의 성질이 박실하여 한결같이 옛 성현의 도에 뜻을 두고 매우 간절하고 돈독하게 공부하니 진실로 도움이 되는 벗이라고 할 수 있겠다"
라고 했다.


## 동암 이발(1544~1589)

　동암東巖 이발의 자는 경함景涵, 본관은 광산光山이다. 김근공金謹恭 민순閔純의 문인으로 1568년(선조 1) 생원이 되고 1573년 알성문과에 장원, 이듬해 사가독서賜暇讀書를 하고 이조정랑으로 발탁되었다.
　1579년 응교, 1581년 전한, 1583년 부제학을 역임하고 이듬해에 대사간에 이르렀다. 홍가신洪可臣 허당許鐺 박의朴宜 윤기신尹起莘 김영일金榮一 김우옹金宇顒 등과 교유하였으며, 특히 수우당과 가장 친하였다.
　이조정랑으로 있을 때에는 자파의 인물을 등용함으로써 사람들로부터 원망을 샀으며, 동인의 거두로서 정철의 처벌문제에 강경파를 영도하여 북인의 수령이 되었다. 이로 인하여 이이 성혼 등과도 교분이 점점 멀어져 서인의 미움을 받았다.
　1589년 정여립의 모반사건이 일어남을 계기로 서인들이 집권하게 되자, 관직을 사퇴하고 교외에서 대죄待罪하던 중 잡혀 두 차례 모진 고문을 받고 장살杖殺되었다.
　그가 죽은 뒤 82세의 노모와 8세의 아들도 엄형嚴

刑으로 죽었는데, 그 노모는 형벌이 너무 지나치다고 꾸짖으면서 끝내 역모에 관한 일을 승복하지 않았으며, 문생·노비도 모두 엄형을 가하였으나 승복하는 자가 없었다고 한다.

## 수오당 오한(1546~1589)

수오당守吾堂 오한의 자는 의숙毅叔, 본관은 함양咸陽이다. 산음山陰의 덕촌리德村里에서 태어났다.

일찍부터 종형從兄인 덕계 오건에게 수업을 받았고 또 남명선생의 문하에 나아가 배웠다.

만년에는 진주晉州 덕산동德山洞 아래의 모곡茅谷에 거주하며 세상 일에 뜻을 두지 않고 지내다 1589년 7월 22일 모곡리茅谷里의 별장에서 향년 44세로 일생을 마쳤다. 수오당의 부음을 듣고서 수우당과 각재 하항이 와서 치상治喪을 했고, 장지에는 수백여 명의 사람들이 모여 들어 모두 그의 죽음을 애석해 하였다고 하니 그의 학식과 인품을 알 수 있다.

서계서원 별사別祠에 사호 오장, 용호龍湖 박문영朴文楧과 함께 향사되었다.

## 조계 유종지(1546~1589)

조계潮溪 유종지柳宗智는 수곡 원당리元塘里에서 모회당慕晦堂 함의 아들로 태어났으며 자는 명중明仲이다.

조계는 남명을 곁에서 모시면서 당대 어진 선비들과 많은 교유를 하기도 하였다. 스승 남명이 임종하자 심상 3년을 입어 제자의 예를 다하고, 1576년에는 수우당 각재 영무성 무송 등과 스승을 위해 덕산에 서원을 창건하는 일에 앞장섰다.

수우당과는 각별히 친하여 도의로써 교유하기도 하였다. 나라에서 조계의 덕망을 듣고 정릉참봉靖陵參奉을 제수하였으나 나아가지 않자 후에 다시 참봉 벼슬을 내려 벼슬길을 종용하였는데 이때도 나아가지 않았다.

조계는 벼슬에 뜻을 두지 않고 향리에서 여러 어진 선비들과 학문에 전념하며 풍속을 교화하는 일에 남다른 관심을 보였다. 성격 또한 강직하여 수령들이 선정을 베풀지 않으면 이를 바로잡고자 하였다.

1589년 기축년 겨울 광주에 사는 진사 정암수丁巖壽 등이 당시 조계를 비롯한 선비들을 모함하는 상소를 하였다. 이 상소에 이르기를 "진주 유종지는 여립과 또한 비밀리 상종하는 지라 산중에서 회합하였을 때 제자 양형만이 그 뜻을 알고 왕래하는 서신을 보면 곧 불살랐다고 하니 비록 무슨 일로 왕래한 뜻은 모르나 지난해에 이 사람들이 한 고을 선비들을 불러 과거를 보지 말라" 하고 또 말하기를 "장차 나라가 망하는데 무엇하러 과거를 보는가"라고 하였습니다."라고 하였는데, 이렇게 하여 조계는 정여립과 비밀리에 산중에서 화합하였다는 무고로 진주 옥에 갇히게 되었다.

조계는 옥에서 수우당에게 편지를 보내 "만사는 명命이 아닌 것이 없습니다. 단지 마땅히 그 바른 길을 따라야 할 것이니 우리들이 평소 글 읽은 것은 바로 이때에 쓰이는 것입니다"라고 하여 정도를 가고자 하는 결연한 의지를 드러내었다.

조계가 누명을 쓰고 옥에 갇히자 서애 유성룡 등이 구명을 하고자 힘을 썼으나 허사였다.

조계는 진주 옥에서 의금부로 압송되어 문초를 받던 중 세상을 떠나니 향년 44세였다. 조계가 세상을 떠난 후 억울한 누명은 벗겨지고, 지역 유림들은 진주 대각서원에 위패를 봉안하였다.

## 부사 성여신(1546~1632)

부사浮査 성여신成汝信의 자는 공실公實, 본관은 창녕昌寧으로 진주에 살았으며 부친은 성두년成斗年이다. 1571년 남명과 구암 이정을 찾아뵈었다. 남명의 문

부사정

인으로서 덕천서원을 중건하는 일에 동참하였으며, 동문인 수우당을 신원하는 상소를 올리는 데 적극 참여하기도 하였다.

1622년 하징 조겸趙璞 박민朴敏 등과 함께『진양지晉陽誌』를 편찬하기도 하였다. 1632년 부사정浮査亭에서 87세를 일기로 생을 마감하였다.

진주의 임천서원臨川書院과 창녕의 물계서원勿溪書院에 제향되었다.

## 백곡 진극경(1546~1617)

백곡栢谷 진극경陳克敬은 1546년 진주 백곡촌에서

태어났다. 본관은 여양驪陽으로 자는 경직景直이다.

약관이 되기 전 남명의 문하에 수학하여 성리학에 관한 글을 배워 몸소 실천하여 행동이 법도에 어긋남이 없었고 경의敬義 두 글자로써 평생에 몸을 단속하는 신표로 삼았다.

수우당 덕계 각재 등 여러 선비들과 도의를 닦으며 도달한 것이 완전하고, 실천이 자세하고 실질이 있었으니 남명 선생이 매우 신임하였고 동문들도 모두 공경하고 아끼었다 한다.

남명이 돌아가신 후 5년만인 1576년 수우당 각재 무송 조계 등이 중심이 되어 덕산에 서원을 건립하였다. 이로부터 10년 후인 1602년 백곡은 모촌 이정, 창주 하징 등과 힘을 다하여 중건하였으며 준공된 후에는 부사浮査 성여신成汝信 등 선비들과 더불어 강회를 개최하였다.

## 모헌 하혼(1548~1620)

모헌暮軒 하혼河渾의 자는 성원性源이며 본관은 진양晋陽으로 합천 야로冶爐에 거주하였다.

1579년에 한강이 가야산으로 유람을 오자 문경호와 같이 만났다. 1582년에 문경호 이대기 하혼 조응인 曺應仁 등과 함께 덕천서원을 참배했다.

우곡재터

    1588년 야로현 미숭산彌崇山 아래에 우곡재尤谷齋를 지었다. 이 때 하혼이 과거에 뜻을 두지 않고 학문에 전념하기 위한 강학의 장소로 삼기 위해 문경호 등과 조그마한 계곡 옆에 지은 것이다. 이로부터 수우당과 퇴계 선생의 문인 조목趙穆 등이 우곡재尤谷齋를 방문하기도 하였다.

    1589년 이대기가 수우당을 모시고 하혼의 집으로 가서 김면, 박성, 조응인, 문위, 박정번 등과 더불어 담화하였다.

    1590년 7월에 문경호, 문위와 더불어 우곡재에 모여 수우당의 모함 소식을 듣자 서로 통탄해 하였다. 곧 이로李魯 오장吳長 하응도 박제인 이정李瀞 이대기 등과 더불어 합천 동당시東堂試 장소에서 수우당의 신원을 의논하였다. 수우당이 석방되었다는 소식을 듣고 신원하는 의논을 그만두고 돌아 왔으며, 10월에 수우당의 부음을 듣고 다시 소를 올리는 논의를 하였다.

　1591년 5월에 배명원, 조응인과 더불어 수우당의 신원소를 올렸고, 문위文緯와 더불어 연서聯書하였으며 문경호 및 제현들과 우곡재에서 강학하였다.

　1601년에 제현들과 더불어 수우당의 신원소를 재차 올렸는데 이 때 문경호가 소두疏頭가 되었고, 이대기, 조응인 등 40여 명이 동고정東皐亭에 모였다.

　1620년에 73세의 일기로 모헌정사에서 세상을 떠났고 후에 신천서원新川書院에 제향되었다.

## 제7장
## 선현의 가르침을 전수하다

『수우당 실기』에 "정해년에 한강 정구가 함안 수령이 되어 도동으로 수우당을 방문하여 주례 등을 강론했는데, 당시 어진 선비들 중 뜻을 같이 하여 찾아온 이가 많았다. 또한 문하에 들어온 사람도 많았으니 하송정 수일 이설학 대기 등은 모두 높은 선비였다"라는 기록이 있다. 『설학집』에 보면 "정구, 전치원, 하수일, 이대기, 김창일, 신가 등이 도동정사道洞精舍로 와서 『주례』를 강학하였다."라는 기록이 있다.

이 기록을 토대로 보면 수우당의 문하에서 학문을 익힌 선비들이 많았다는 것을 알 수 있다. 그 중 대표적인 인물이 송정 하수일, 설학 이대기 라는 것도 알 수 있다.

수우당 문하에 출입한 선비들을 관련 기록을 통해 살펴볼 것이다. 이들은 수우당 사후 선생의 신원을 위해 누구보다 앞장섰다는 것을 알 수 있다.


## 송정 하수일(1553~1612)

송정松亭 하수일河受一은 1553년 진주 수곡에서 태어났으며 본관은 진양晉陽 자는 태이太易이다.

조부 성균생원 희서希瑞는 남명과 도의道義로 사귀었으며, 종숙從叔인 환성재 락과 각재 항은 모두 남명의 문인이다.

송정 선생 사적비

일찍이 종숙부인 각재 하항과 수우당에게서 글을 배웠다. 31세(1583)에 '수우당명守愚堂銘'과 세심정洗心亭 기문을 지었다.

37세때 사마시에서 2등으로 합격을 하였고 39세때 문과에 급제하였다.

46세때 도산서원을 배알하고 월천月川 조목趙穆과 남명과 퇴계의 학문에 대해 토론하였다. 이해 9월 계공랑啓功郞을 제수 받았고 12월에 무공랑務功郞으로 승진하였다.

48세 때 성균관 전적典籍으로 벼슬에 나가 이어 창락도찰방昌樂道察訪, 영산현감靈山縣監 등을 지냈으나 그해 겨울 벼슬을 그만두고 조카들이 있는 상주 무량동無量洞으로 내려왔다.

53세때 경상도사慶尙都事가 되어 경상감사 유영순柳永詢과 함께 경상도 일대를 돌다가 한훤당 남명선생 사당을 참배하였다. 이해 수곡동약水谷洞約을 완성하기도 하였다. 이듬해 상주교수로 부임하여 후생들을 가르쳤다. 이때 상주목사 동고東皋 이준경은 송정과 친분이 심히 두터웠다 한다. 55세때 형조좌랑, 형조정랑을 역임하고 이듬해 이조정랑이 되었다. 정국이 혼란하여 곧 벼슬을 그만두고 고향으로 내려와 후생들을 가르쳤다. 58세때 대각서원을 완성하고 각재선생을 봉안하였으며 2년후 세상을 떠나니 향년 60세였다.

송정이 지은 수우당 명을 살펴보자

어리석음은 지킬 만한 것인가. 공자는 그 변하지 않음을 탄식했다. 어리석음은 지킬 필요가 없는 것인가. 한유는 그 이도夷道라고 지칭했다. 대개 변하지 않는 어리석음은 스스로 포기한 자들이 고집하는 것이고 이도의 어리석음은 세상을 개탄하는 이들이 행하는 것이니 이 두 가지 어리석음은 모두 군자가 원하지 않는 바이다. 공자는 안자顔子의 어리석음이 이와 같음을 칭찬하고 영무자의 어리석음을 미칠 수 없다고 칭찬했다. 대개 안자의 어리석음은 말에는 어리석었으나 도에는 어리석지 않았고 영무자의 어리석음은 세상 일에는 어리석었으나 자신에게는 어리석지 않았으니 이 두 가지 어리석음은 비록 군자라도 피하니 않는 바이다.

    이제 우리 최 선생이 일찍이 당을 지어 수우라고 이름을 걸었다. 대저 어리석음의 뜻에는 이 네 가지가 있으니 감히 여쭙건대 무엇을 취한 것인가. 선생은 인을 베풀고 의를 행하여 말하는 것마다 예의가 아님이 없으니 자포자기한 어리석음이 아니다. 은거하여 뜻을 지키면서 세상에 근심이 없으니 세상을 개탄하는 어리석음도 아니다. 일찍이 조정에 서지 않았으므로 묵묵히 처하여 환난을 면한 적도 없었으니 또한 영무자의 어리석음도 아니다. 짐작컨대 선생이 지킨 바는 안연의 어리석음일 것이다. 거친 음식을 먹고 물을 마시면서도 사람들의 고량진미를 원하지 않은 것은 한 표주박의 안빈安貧을 고치지 않은 것이고 남의 선행을 듣고 난향蘭香을 찬 것처럼 좋아한 것은 선한 것을 가슴 깊이 새긴 것이다. 용사행장用舍行藏의 출처에 있어서 선생은 일찍이 누차 불렀으나 나가지 아니하고 벼슬을 뜬 구름처럼 여겼으니 이는 소자가 감히 논할 바가 아니다. 소자가 못난 몸으로 매양 문하에 출입하면서 도덕을 전후에서 보고 가르침을 좌우에서 들었으니 당명을 짓는 것은 비록 참람한 것 같으나 또한 좋아하는 이에게 아첨함에 이른 것은 아니다. 명하여 말하기를,

울창한 쌍회雙檜 나무 무성한 만죽림, 그 중에 한 집 있어 군자 사는 곳이로다. 그 지킴 무엇인가. 어리석음 즐겼으니, 고인을 추상컨대 안자 먼저 행했다. 위대한 우리 선생 광세에 동일하여, 어리석을 것에 어리석으니 참으로 어리석지 않도다.

송정은 스승이 살았던 수우당의 당명을 풀이하면서 어리석음을 지킨 것守愚은 옛날 안자가 도를 즐기기 위해 은거하면서 안빈낙도한 것에 비유하고 있다.

## 설학 이대기(1551~1628)

설학雪壑 이대기李大期의 자는 임중任重, 본관은 전의全義이다. 1551년 3월 3일 초계군 북쪽 성산리城山里에서 태어났다.

16세 때 수우당에게 나아가 수학하고, 이듬해 수우당을 따라 산천재山天齋에서 남명 선생을 배알했다.

37세에 도동정사道洞精舍로 수우당을 찾아가 한강, 송정과 함께 『주례周禮』를 강학하였다.

38세 때 수우당이 찾아 와서 수일을 머물렀다. 인하여 수우당을 모시고 포산苞山으로 가서 대암 박성을 방문하고 또 여러 선비들과 우곡재에서 강론을 했다.

39세 수우당을 모시고 모헌 하혼을 방문하여 송암

김면, 대암 박성, 도촌 조응인, 모계 문위, 학암 박정번 등과 토론했다.

40세 때 일어난 기축옥사에 수우당이 연루되었다는 소식을 듣고 진주로 달려가 수우당을 만나고자 하였으나 수우당은 이미 서울로 압송 중이었다. 다시 발길을 서울로 돌려 수원에 이르러 수우당을 만날 수 있었다.

곧 바로 내려와 이로 박제인 이정 오장 등과 함께 신원을 청하는 상소를 올렸다. 그러나 권신權臣들의 반대로 윤허를 얻지 못하고, 9월 수우당이 옥중에서 세상을 떠나자 문인들과 양주에 장례를 치렀다.

임진왜란 때 이대약李大約, 이윤서李胤緒와 함께 도내에 통문을 돌려 의병 모집을 시작하였고, 탁계 전치원도 같은 시기에 의병을 모집하여 초계에서의 본격적인 의병활동이 시작되었다.

47세 때인 1597년 정유재란이 일어나자 의홍에서 병사를 모집해 화왕산성火旺山城으로 달려갔다. 곽재우 성안의成安義 전재全霽 안극가安克家 등과 땔나무를 쌓아 불을 피우고 맹세하기를 "성이 함락되면 불 속에 뛰어들어 죽을지언정 적의 손에 치욕을 받지 않으리라."라고 다짐하였다.

51세 때 수우당의 신원을 청하는 상소를 올렸고, 이듬해 윤 2월에는 성여신·정온·이종영李宗榮 등과 연명連名으로 다시 상소하였으며, 1612년에는 수우당을 덕천서원에 배향해 주기를 청하는 상소를 올리는 등 수우당의 신원에 열성을 다하였다.

1628년 11월 14일 안지당安知堂에서 숨을 거두니, 향년 78세였다. 1634년 정온이 묘갈명을 지었고, 1702년 청계서원에 배향되었다.

## 송암 이로(1544~1598)

송암松巖 이로李魯는 1544년(중종 39년) 의령 부곡리 孚谷里(현재 부림면)에서 태어났으며 자는 여유汝唯이다. 본관은 고성固城이다.

어려서 집안에서 글을 읽다가 17세 때 부친의 명으로 당시 거제에 귀향 온 유헌游軒 정황을 찾아가 글을 배웠다. 스승 유헌이 거제에서 세상을 떠나자, 2년 뒤 19세때 아우 보普, 지旨와 함께 수우당의 문하에서 글을 익혔으며, 다음해 두 아우와 함께 덕산으로 남명선생을 찾아가 제자의 예를 갖추었다.

47세 때 문과에 급제하였으며, 이해 스승 수우당이 억울하게 역모에 연루되자 신원 상소를 올렸다. 48세 때 종 7품 벼슬인 직장直長에 제수되고 사성강목四姓綱目을 편찬하기도 하였다.

## 신계 하천주(1540~?)

하천주河天澍(1540~?)의 자는 해숙解叔이고 호는 신계新溪이며, 본관은 진양晋陽으로 신풍新豊에 거주하였다. 그는 1540년(중종 35년)에 태어났으며 하응도河應圖의 종질從姪이 된다.

하천주는 처음에 남명선생으로부터 『근사록』을 배웠고, 이후 수우당의 문하에 들어갔다. 도량이 컸고 외화내강外和內剛하여 수우당이 중히 여겼다. 부모를 섬김에 있어 정성을 다하여 조금이라도 감히 소홀함이 없었다. 사림士林의 풍도를 잃지 않으려고 하였으나 불행히도 일찍 죽어 많은 사람들이 애석해 하였다. 1694년(숙종 20년)에는 지방 유림의 공의로 그의 학문과 덕행을 추모하기 위해 정강서원鼎崗書院이 창건되자 그의 위패가 모셔졌다

## 남계 이길(1550~1589)

남계南溪 이길李洁의 본관은 광산光山이며 자는 경연景淵이다. 수우당과 절친했던 이발의 아우이다. 수우당을 스승으로 섬겼으며 1577년(선조10년)에 별시문과에 급제하여 사인을 거쳐 벼슬이 응교에 이르렀다.

형인 이발이 이이李珥·성혼成渾과 교분이 차츰 멀어지자 서인들이 미워하므로 시사時事에 참여할 수 없음을 알고 고향으로 물러갈 때 함께 낙향하였다.

1589년 정여립의 모역사건을 계기로 서인들이 집권하자 동인들에게 박해가 가하여져, 형 발·급汲 등은 모진 고문 끝에 장살되었고, 그도 희천으로 귀양갔다가 뒤에 불려와서 역시 죽음을 당하였다. 1694년(숙종 20) 신원되고 부제학에 추증되었다.

## 이계 신가(1546~1590)

이계伊溪 신가申檟의 자는 양중養仲 본관은 고령이다. 타고난 바탕이 독실하며, 신중하고도 위엄이 있었다. 일찍이 수우당의 문하에 유학하여 인정을 받았고 집안에 효우의 지극한 행실이 있었다. 향리鄕里에서 스스로 절조를 지켜 엄숙함으로 꺼림을 받았으며, 숨어살면서 책을 읽고 시율詩律에 밝아 항상 재주를 숨기며 드러내지 않았다

## 모계 문위(1555~1632)

모계茅溪 문위文緯는 거창 가조현加祚縣 용산촌龍山

村에서 태어났다.

 19세 때인 1572년 남명을 배알하려 하였으나, 그 해에 남명이 별세하였다. 21세 때인 1574년 덕계에게 나아가 『주역』을 수학하였다. 그러나 이 해 덕계 마저 별세하자, 다시 한강에게 나아가 수학하였다. 모계는 또 평소 수우당을 매우 존경하였다.

 1589년 수우당이 내암을 만나기 위해 합천을 방문하였는데, 이 때 모계는 둔평遯坪으로 찾아가 수우당을 만났다. 둔평은 하혼이 사는 곳이고, 또한 이곳에는 내암 정인홍이 머무는 집이 있었다. 모계는 곧 내암의 집에서 수우당을 만났다. 그러나 그 해 기축옥사가 일어나 수우당이 무고로 하옥되었다.

 모계는 37세 때인 1590년 9월에 이로 김경근 오장 이대기 하응도 박제인 이정 하혼등과 모여 상소로 수우당을 신원하자는 의논을 하였는데, 10월 수우당이 세상을 떠났다. 38세 때인 1591년 5월에 도촌과 모헌이 수우당 신원소에 관한 편지를 보내와, 6월에 수우당 신원소인 「대영유신리최수우소代嶺儒伸理崔守愚疏」를 완성하였다.

 39세 때인 1592년 임진왜란이 일어나자 거창에서 향병을 모집하였다. 1632년 12월 20일 78세로 별세하자, 1686숙종 12년 10월 거창의 용원서원龍源書院에 제향되었다.

## 오월당 이유함(1557~1609)

오월당梧月堂 이유함李惟諴의 자는 여실汝實, 본관은 성주星州이다. 부친은 공조정랑을 지낸 동곡桐谷 이조李晁이며 부친과 가깝게 지냈던 수우당과 각재의 문하에서 수학하였다.

33세 때인 1589년 사마시에 합격하였다. 이 해 정여립의 모반사건에 연루된 수우당의 신원을 위한 상소를 올렸다. 35세 때인 1591년 별시 문과에 장원하여 성균관 전적에 제수되었다. 36세 때인 1592년 왜구가 쳐들어오자, 송암松庵 김면金沔(1541~1593)의 창의에 동조하여 단성현의 기병유사起兵有司로 활약하였다. 1595년에는 경상우도 도사가 되었고, 이듬해에는 호조정랑이 되었으며, 1598년에는 영천군수에 제수되었다. 1609년 11월 19일 향년 53세로 별세하였다.


## 매월당 이하생(1553~1619)

매월당梅月堂 이하생李賀生의 자는 극윤克胤 본관은 성주星州로 남사南沙에 살았다. 덕계와 수우당의 문하에 나가 학문을 들었다.

효성이 지극하였고 학행도 드러나 도천서원에 배

향되었다.

## 광서 박진영(1569~1641)

광서匡西 박진영朴震英은 1569년 11월 19일 함안군 동쪽 검암촌에서 오旿와 재령이씨 사이에서 태어났다. 자는 실재實載이며 본관은 밀양이다. 부친은 최영경, 조종도, 이칭, 하항 등의 당대 학자들과 교유했다

8세 때(1576년) 모촌 이정을 뵈었다. 모촌은 남명의 제자로 학식이 높은 함안 선비였다. 이어 11세 때는 역시 함안 선비로 남명의 제자인 황곡 이칭을 만나 가르침을 받기도 했다.

광서는 이 당시 불과 10여세의 나이로 당시 이 지역 학문을 주도하던 남명의 제자들을 차례로 만나게 된다. 15세 때는 부친을 모시고 황암, 수우당, 죽유 오운, 대소헌, 황곡, 각재, 모촌 등이 참석하는 강회講會에 갔는데, 모두 광서의 행동을 보고 후일 크게 될 아이라고 칭찬을 하였다고 연보에 기록돼 있다.

특히 수우당 최영경에게 논어를 배우기도 했는데, 수우당도 광서의 자질을 칭찬해마지 않았다고 한다.

24세 때 임진왜란이 일어나자 고향에서 창의하여 군수 유숭인과 왜적을 무찔렀다. 유숭인 군이 적에게 패하자 다시 망우당 곽재우 장군 진으로 달려가 왜적

을 물리치는데 일조를 했다. 이러한 공으로 군자감 참봉에 임명되었고 이어 군자감 직장, 군자감 주부 등의 벼슬에 임명되었다.

병자호란이 일어나 왕이 남한산성으로 피신했다는 소식을 듣고 광서는 70고령에도 불구하고 관찰사 심연에게 달려가 근왕병을 일으킬 것을 요구했으나 뜻을 이루지 못하여 단신으로 남한산성을 향하여 달려갔다.

## 윤기신(?~?)

윤기신尹起莘의 자는 응시應時이다. 서울에 살았으며 약관 시절에 수우당을 따라 『소학』을 배워 학문의 방향을 알았다. 과거 공부에 힘쓰지 않고 오로지 자기 수양에 관한 학문에 정진하였다. 착한 것을 좋아하는 것은 천성에서 나온 것으로서, 남이 하나의 좋은 행실이 있으면 비록 종이나 천한 사람일지라도 반드시 마음을 기울여 더불어 사귀었다.

일찍이 기축옥사에 연루되어 국청에서 고문을 당할 때에 얼굴빛이 변하지 않고 조금도 동요됨이 없었다. 그 집에 명하여 종이를 사서 「강목」이란 서적을 인출하게 하려고 했으나 이루지 못하고 세상을 떠났다.

# 제8장
## 수우당과 기축옥사

### 기축옥사가 일어나다

　기축옥사는 1589년(선조 22) 10월에 전주 사람 정여립이 역모를 꾀하였다 하여, 3년어에 걸쳐 그와 관련된 1,000여명의 동인계東人系가 피해를 입은 사건으로 수우당도 억울하게 연루되었다.

　기축옥사의 원인이 되는 정여립이 실제로 모반을 꾀하였는가, 아니면 조작되었는가에 대해서는 지금도 의견이 다양하지만, 이미 기축옥사는 정여립 모반 사건을 떠나서 선조 때 동 서 붕당간의 파멸적 관계의 시작이라고 해도 좋을 정도로 그 휴유증이 큰 사건이라고 할 수 있다.

　이 사건에 연루되어 죽고, 삭탈관직, 유배 및 태장과 국문을 당한 자들이 무려 1000여명에 이르렀다.

사망자만 1000여명이라는 설도 있다. 이는 앞서 4대 사화에서 화를 당한 사람을 모두 합한 것보다 많은 수이다.

정여립 사건이 역모사건이라는 선을 넘어 동인이라는 정파를 향한 정치탄압사건으로 비화하게 된 것은 기축년(1589년) 11월 호남 유생 양천회의 상소가 계기가 되었는데, 양천회는 그 상소에서 "조정의 많은 신하들이 정여립과 은밀하게 내통하고 있었다"고 하면서 "김우옹, 이발, 이호, 백유양, 정언신, 최영경 등"을 지적하니 당시 위관이었던 서인 계열의 정철은 이들은 국문하며 사건을 역모자 색출이 아닌 정치 탄압으로 몰고 간 것이다.

기축옥사는 1589년 10월 황해도 관찰사 한준韓準, 재령 군수載寧郡守 박충간朴忠侃, 안악 군수安岳郡守 이축李軸, 신천 군수信川郡守 한응인韓應寅 등이 변서變書를 올려 "전 수찬 정여립이 모반한다"고 고변함으로써 시작되었다.

왕조실록 기록을 토대로 모반사건의 전말을 살펴보자.

역모사건의 중심인물인 정여립은 1546년 전주에서 태어났다. 본관은 동래東萊이며 자는 인백仁伯이다. 극호克豪의 증손으로, 할아버지는 세완世玩이고, 아버지는 첨정 희증希曾이다. 어머니는 박찬朴纘의 딸이다.

15세 때 익산 군수인 아버지를 대신하여 일을 처리

할 때 아전들이 군수보다도 더 어려워했다고 한다. 자라면서 늠름한 장부가 되었으며, 통솔력이 있고 두뇌가 명석하여 경사經史와 제자백가에 통달하였다.

1567년(명종 22) 진사가 되었고, 1570년(선조 2) 식년문과 을과에 두 번째로 급제한 뒤 이이와 성혼의 각별한 후원과 촉망을 받아 당시 사람들의 주목을 받았다. 1583년 예조좌랑이 되고 이듬해 수찬이 되었다.

본래 서인이었으나 수찬이 된 뒤 당시 집권 세력인 동인의 입장에 서서 자신을 후원했던 이이를 배반하고 박순朴淳 성혼을 비판하였다.

그가 서인을 공격하는 데에 앞장서게 된 사정은 확실하지 않으나, 그가 이조정랑의 물망에 올랐을 때 이이가 반대한 탓이라는 설과 적극적인 성격이 동인의 영수 이발李潑과 잘 어울렸기 때문이라는 설이 있다.

그는 이이를 비판한 일로 서인의 미움을 많이 받았고, 선조의 눈 밖에 나서 동인의 천거에도 불구하고 중앙에서 관직을 얻지 못하고 고향으로 돌아갔다.

정여립은 본래 자신을 세상에 드러내고자 하는 뜻이 강하게 있었는데 왕의 미움을 받아 벼슬길이 번번이 막히자 배반하려는 모의를 하게 되었다고 한다.

그래서 강학講學을 빌미로 사람들을 불러 모았는데, 무사와 승도僧徒들도 그 가운데 섞여 있었다.

일찍이 정여립은 해서지방이 임꺽정林巨正의 난리로 소란스러운 것을 보고 황해 도사가 되기를 청하였으나 이루지 못하였다. 그러자 안악安岳 사람 변숭복邊崇福·박연령朴延齡, 해주 사람 지함두池涵斗 등과 몰래 서로 교결하여 돌려가며 꾀어내니 응하는 자가 수백 명이나 되었다.

정여립은 잡술에 두루 통하여 국가에 장차 왜변倭變이 일어날 것을 알고 때를 타고 일어나려 하였다. 그리하여 이웃 고을의 여러 무사, 공사천公私賤 중 씩씩하고 용감한 사람 등과 대동계大同稧를 만들어 매월 15일 한 곳에 모여 활쏘기를 겨루고 술과 음식을 장만하여 즐기었다.

정해년 왜변에 많은 고을이 군사를 징발하였는데 전주부윤全州府尹 남언경南彦經은 성격이 소활하여 조처할 바를 알지 못하였다. 그래서 정여립을 청하여 군대를 나누게 하였더니, 정여립이 사양하지 않고 한 번 호령하는 사이에 군병이 모였는데, 부서를 나누어 조견調遣하는 데 있어 하루가 안 되어 마무리 지었다. 장령將領들은 정여립이 모두 대동계大同稧에 들어 있는 친밀한 무사를 썼다. 적이 물러가고 군사를 해산하자 정여립이 장령에게 말하기를, "훗날 혹시 변고가 있으면 너희들은 각각 부하들을 거느리고 일시에 와서 기다리라." 하고, 그 군부軍簿 1건은 정여립 자신이 가지고 갔다. 남언경이 "이 사람은 유술儒術뿐만이 아니라, 그 재능을 따를 수 없다."라고 감탄하여 말하였다.

수십 년 전에 천안天安의 사노私奴 길삼봉吉三峰이

란 자가 용맹이 뛰어나 하루에 3백~4백 리를 걸어 다녔는데 그대로 흉포한 도적이 되었다. 관군이 체포하기 위해 엄습하였으나 그때마다 탈주하였으므로 이름이 국내에 자자하였다.

이때 정여립이 지함두池涵斗 등으로 하여금 해서 지방에 말을 퍼뜨리기를, "길삼봉·삼산三山 형제가 신병神兵을 거느리고 지리산으로 들어가기도 하고 계룡산으로 들어가기도 한다." 또 말하기를 "정팔룡鄭八龍은 신비하고 용맹한 사람으로 마땅히 왕이 될 것인데 머지않아 군사를 일으킬 것이다." 고하였다.

팔룡은 곧 정여립이 꾸민 호號인데, 실정을 모르는 자들은 다른 사람으로 알았다. 이때 해서에 떠도는 말이 자자하였는데, "호남 전주 지방에 성인이 일어나서 우리 백성을 구제할 것인데, 이때부터 국가가 태평하고 무사할 것이다." 하였다. 어리석은 백성들이 그 말을 듣고 현혹되어 널리 전파하였다.

정여립은 일의 기미가 상당히 누설된 것을 보고 변란을 일으키려는 계책을 결정하였다. 이에 비밀로 부서部署를 약속하여 이해 겨울 말에 서남지방에서 일시에 군사를 일으켜 곧바로 서울을 침범하기로 하였다.

해서海西 구월산九月山의 스님 가운데 호응하는 자가 있었다. 스님 의엄義嚴이 그 정상을 염탐하고 재령군수載寧郡守 박충간朴忠侃에게 비밀히 말하였으나 충간이 망설이며 감히 고발하지 못하였다.

안악安岳에 사는 조구趙球가 항상 여립의 제자라고 하면서 도중徒衆을 많이 모아 술을 마셨는데 종적이 평소와 달랐다. 그러자 군수 이축李軸이 엄습하여 잡아다가 실상을 물었다. 조구가 속일 수 없음을 알고 모든 역상逆狀을 고발하였다. 이축이 편지로 박충간을 초청해서 모여 신천 군수信川郡守 한응인韓應寅은 명사名士로서 조정에 신임을 받을 수 있다 하여 조구를 신천에 보내어 연명하여 감사 한준韓準에게 보고하게 하니, 한준이 장계를 올려 고변하였다.

고변을 들은 왕은 편전에 나아가 삼공, 육승지, 입직 도총관都摠管 이원, 홍문관의 상하번上下番을 불러 좌·우 사관과 함께 입시하게 하고, 신하들에게 "여립이 어떠한 사람인가?" 물었다.

영상 유전柳㙉, 좌상 이산해李山海는 "그의 인품은 모른다."고 대답하였고, 우상 정언신鄭彦信은 아뢰기를, "그가 독서하는 사람이라는 것만 알고 다른 것은 모릅니다." 하였다. 임금이 고변의 장계를 들어 상 아래로 내던지며 이르기를, "독서하는 사람의 소행이 이와 같단 말인가?" 하고, 승지를 시켜 읽도록 하였다. 흉모凶謀가 낭자하자 좌우 신하들이 모두 목을 움츠리고 등에 땀이 배었다.

이때 대신들이 금부도사를 나누어 파견하여 여립 등을 체포하고 고변한 자까지 아울러 잡아오게 할 것을 청하였고 유전柳㙉은 토포사討捕使를 나누어 파견하여 비상사태에 대비하기를 청하니, 임금이 이를 허락했다.

변숭복邊崇福은 일명 사洓인데 용맹이 뛰어났다. 조구趙球가 고변했다는 말을 듣고 안악安岳으로부터 여립에게 달려가서 고하였는데 4일 만에 금구金溝에 이르렀다. 여립이 밤을 이용하여 도망하여 진안鎭安의 산골짜기에 숨어 있었는데 현감 민인백閔仁伯이 수색하여 잡았다. 여립이 밭 가 풀더미 속에 숨어 있었는데 관군이 포위하자 여립은 형세가 궁박하게 되어 자살하였다. 정여립의 시체를 군기시 앞에서 형벌을 가하고 그의 무리들을 모두 사형시켰다.

왕조실록을 근거로 한 정여립 모반사건의 발단이라고 할 수 있다.

한편으로는 정여립 역모사건은 조작이라는 설이 있는데, 전북대 이희권 교수는 정여립의 모반 자체가 날조일 가능성이 크다고 말하며 정여립 역모사건은 동서분당 이후 처음 생긴 비극적인 사건이었으면서도 오늘날까지 실재했던 사건으로 이해되고 있다고 했다. 그는 몇가지 예를 들어 정여립 모반 사건의 의문점을 지적하고 있다.

첫째 전라도 지역이 역모의 산실이었는데 역모의 고변은 전라도가 아닌 해서에서 이루어졌다는데 의문이 있다. 해서지방은 율곡이 거처했던 곳으로 율곡 문인들이 많은 지방으로 하필 이곳에서 역모를 했을 리가 있는가.

둘째 전라도 지역의 역도들은 모반을 부인하고 장살된 반면 해서 역도들은 이를 자복했다는 사실은 무엇을 의미하는가.

셋째 대동계라는 무사집단을 이끌던 정여립이 어찌하여 단 한차례의 저항도 없이 자결하고 말았는가. 150년 뒤에 나온 『동소만록桐巢漫錄』 같은 야사에서는 그가 죽도에 가서 놀고 있을 때 선전관 등이 달려와서 박살하고 자결했다고 보고했다는 것이다.

김장생金長生이 엮은 『송강행록松江行錄』에 의하면, 고변이 있자 일반인은 그의 상경을 고대하고 있었는데 이상하게도 정철은 그의 도망을 미리 알고 있었을 뿐 아니라 자진하여 옥사처리를 담당했다는 것이다. 즉, 그의 도망을 미리 안 이유는 정철이 정여립의 유인과 암살을 지령한 음모의 최고지휘자라는 것이다.

그리고 정철의 배후에서 실질적으로 기축옥사를 조작한 이는 송익필宋翼弼이었다. 그는 노비 출신으로 서인의 참모 격으로 활약했는데, 자신과 그의 가족 70여 인을 환천還賤시키고자 한 동인의 이발·백유양白惟讓 등에게 복수하기 위해 이 사건을 조작했다는 것이다.

어쨌든, 그는 기축옥사의 장본인이 되어 동인의 정치권에 큰 타격을 주었고, 전라도 전체가 반역향이라는 낙인을 찍히게 하여 호남출신 인사의 관계 진출을 어렵게 만들었다.

## 기축옥사에 연루되다.

수우당이 서울서 진주로 이사를 와서 머물고 있을 때 기축옥사가 일어났고, 나라 안팎이 시끄러웠다. 이때 많은 선비들이 연루되었는데, 수우당도 이에 포함되었다.

당시 동강 김우옹, 대소헌 조종도, 곤재 정개청 ,조계 유종지, 동암 이발, 남계 이호, 청계 유몽정, 정곡 조대중, 만취 이황종, 나암 정언신, 정언지, 백유양, 홍종록 등 많은 선비들이 연루되었다.

수우당이 기축옥사에 무고로 연루된 것은 1589년 11월 3일 생원 양천회의 상소에, 역적 정여립과 절친한 사람으로 이발李潑 이길李洁 김우옹金宇顒 백유양白惟讓 정언신鄭彦信 최영경崔永慶 등을 언급한 것이 그 시초라고 할 수 있다.

이보다 앞서 수우당이 서울에 있을 때 안민학安敏學의 주선으로 우계牛溪 성혼成渾이 방문하여 토론을 한 일이 있었다. 이때 우계는 돌아가 백인걸白仁傑에게 말하기를 "그를 대하니 문득 청풍淸風이 소매에 가득함을 깨달았도다" 고 수우당을 극찬하였다.

수우당을 극찬한 우계가 뒤에 심의겸沈義謙과 야합

한다는 말을 듣고 교유를 끊으니 이로부터 우계의 문인들이 헐뜯게 되었다.

또 당시 사람들이 율곡 이이를 가리켜 옛 선현 같다고 칭찬을 하였는데 수우당은 홀로 그렇지 않다는 것을 강조하였고, 안민학이 정철鄭澈을 좋은 선비라고 칭찬하자 수우당은 그를 가리켜 '색성소인素性小人'이라 단정하였다. 당시 우계와 율곡의 제자들은 수우당에게 감정을 가지고 있었고 이것이 빌미가 되어 기축옥사에 억울하게 연루된 것이라고 생각한다.

또 탐관오리인 이유인李裕仁이 술과 안주를 뇌물로 가져왔으나 받지 않았고 진주 목사인 홍정서洪廷瑞가 한번 만나기를 청하였으나 수우당은 그의 사람됨이 흉악한 것을 알고 만나지 않았는데, 이들이 모두 수우당에게 감정을 가지고 모함하기에 이르렀다.

수우당이 정철을 가리켜 '색성소인素性小人'라고 단정한데 대해 훗날 면우 곽종석은 "세상에 전하는 바 선생이 정철을 '색성소인'이라 평가 했다고 하는 것과 처음 옥에서 풀려났을 때 성혼이 그 아들 문준文濬을 보내어 두미斗米를 가지고 선생을 위문케 하였을 때 문준이 누구에게 미움을 받아 이렇게 되었느냐 하고 묻자 선생이 너의 아비乃翁에게 미움을 받았다고 하면서 꾸짖었다는 이야기들은 의심컨대 선생의 입에서 나온 것이 아닐 것이며 경박輕薄하고 다른 마음을 품은 무리들이 부화뇌동附和雷同하여 부채질하고 얽어매어 당국

當局에 부추긴 것이 아닌가"라고 생각을 했다.

수우당과 기축옥사와의 관계를 각 종 기록들을 근거로 진행 과정을 살펴보자

1589년 11월 생원 양천회의 상소에 역적 정여립과 절친한 조정 신하로 수우당을 거론한 3개월 후인 1590년 2월 간원이 "전 사축 최영경은 역적과 가장 친밀했었습니다. 삭탈 관작시키소서"라고 아뢰니 임금이 답하기를 "나는 최영경이 어떤 사람인지 모른다. 역적과 교결交結하였다는 뚜렷한 증거가 아직 드러나지 않았으니 그냥 두어도 불가하지 않다. 삭탈 관작할 것 없다." 하였으나, 뒤에 다시 윤허를 하여 수우당을 하옥하였다.

정여립 사건으로 온 나라가 소란에 휩쓸리게 되자 서인들이 득세하여 전권을 장악하고 정여립의 친척은 물론 그와 친분을 가진 사람 중 동인으로 지목 받은 이름이 드러난 선비들을 모함하여 일망타진하였으며 소위 '길삼봉설吉三峯說'을 조작하고 정철 강해 양천회 등이 "길삼봉은 곧 최영경이다"라는 근거 없는 말을 전파시키고 제원찰방濟源察訪 조응기趙應麒에게 고하니 찰방은 전라감사全羅監司 홍여순洪汝淳에게 보고하였다.

전라감사는 이 사실을 상소하는 한편 경상도사慶尙都事 허흔許忻과 감사監司 김수金晬에게 통고함으로써 수우당은 1590년 8월 아우 여경餘慶과 함께 진주옥晉州

獄에 갇히었다.

이때 수우당의 억울함을 호소하는 선비들이 운집을 했지만, 수우당의 원통함은 풀리지 않았다.

진주옥에 갇힌 얼마 후 서울로 압송하러 금부도사가 도착했다. 금부도사가 목에 씌운 칼을 벗기고자 하였으나 수우당이 절하고 말하기를 "임금의 명령이라 벗을 수 없다"라고 하니 군졸들이 눈물을 흘리지 않은 사람이 없었다.

의금부 옥에 갇혔을 때는 날마다 반드시 대궐을 향해 바로 앉아 조금도 자세를 흐트리지 않았다. 집안의 노복들도 몇 명 같이 갇혔는데 사람들이 수우당에게 그들이 심문을 받을 때 진술할 것을 가르쳐 주라고 권했으나 수우당은 "그들은 그들대로 당연히 할 말이 있을 것이니 내가 무엇을 관여한단 말인가" 하면서 끝까지 가까이 하지 않았다.

수우당이 일찍이 다른 사람의 편지 말미를 빌어서 정여립에게 안부를 물은 적이 있었다. 이 편지가 이때 국청에 들어오자 옥관들이 결정적 증거가 있다고 생각하며 기뻐하였다.

백사 이항복은 당시 문사랑問事郎이었는데 수우당이 이 일을 잊어버리고 편지한 사실이 없다고 할까 두려워 바깥을 돌아다니며 "최모는 죽을 것이다. 남의 편지 말미를 빌어서 물은 적이 있으니 어찌 죽음을 면할 것인가"라고 말하였다.

수우당이 비로소 깨닫고 사실을 밝혀 진술陳述하는 말을 할 때 옥관도 어찌하지 못하였으니 한 번도 태장을 맞지 않은 것은 모두 백사의 힘이었다.

사실을 밝혀 진술陳述하는 말이 올라가자 임금이 그 무죄함을 살피고 특별히 석방시킬 것을 명하였다.

임금이 수우당의 집에서 거두어 온 문자를 보고 말하기를 "이 사람은 형제간에 우애가 돈독하도다. 왕래한 편지는 모두 우애의 정이 지극하도다"라고 까지 하였다.

당시 임금이 본 편지는 일찍이 아우 여경이 신령군수新寧郡守로 있을 때 보낸 것으로 충군忠君 애민愛民으로 경계한 내용이었다. 임금이 이 편지를 보고 죄가 없음을 확인하고 석방의 명을 내린 것이다.

당시 도청鞫廳의 문사랑問事郞으로 참가했던 이항복李恒福의 기록을 살펴보자.

일찍이 역적의 무리들이 말하기를 "역적모의를 할 때에 길삼봉이 상장군이 되고 정팔용과 정여립은 그 다음이 된다" 하였으므로 나라에서는 삼봉이 있는 곳을 찾았으나 각 도에서 삼봉이라고 잡아 보낸 사람이 전 후에 걸쳐 여러명이 있었는데, 그 때 적당인 이기와 이광수 등이 말하기를 "전주 길삼봉의 집에 갔더니 삼봉의 나이는 60세쯤 되고 낯은 쇠빛이고 살이 쪘더라"고 하였으며, 혹은 "삼봉은 나이가 30세인데 키가 크고 낯이 여위었다" 하기도 하고, 또 "삼봉은 나이 50세 쯤 되고 수염은 길어서 허리까지 내려오며 낯은 희고 길다"고 하였다. 그 후에 김세겸金世謙이 말하기를 "삼봉은 상장군이 아니고 역적의 졸병인데, 진주에 살며 나이는 30세쯤 되고 하루에 3백리 길을 걷는다" 하였고 또 한 적당은 말하기를 "삼봉은 나주의 사족士族이다" 하였고, 마지막으로 박문장朴文長이 말하기를 "삼봉의 성은 길가가 아니고 진주 사는 사노私奴로서 최삼봉이다" 하였다. 얼마 뒤에 외지에서 뜬 소문이 분분하여 혹 말하기를 "삼봉은 진주 사는데 나이는 60세이고, 낯빛은 쇠 같으며 수척하고, 수염은 길어서 배에 내려가고 키가 크다" 하고 또는 "삼봉은 곧 최영경이다" 하였다.

또 어떤 자가 말하기를 "1년 전에 어떤 선비가 전주 만장동萬場洞을 지나다가 보니 적당 만여명이 모여서 활을 쏘고 있는데, 영경이 수석에 앉고 여립은 다음에 앉아 있더라"고 하였다.

내가 이러한 말들을 듣고 괴이하게 여기고 의심하여 말하기를 "여러 적들의 공초가 각각 서로 같지 아니하고 나이 늙고 젊음과 얼굴과 몸의 비대하고 야윈 것이 모두 판이하게 다르나, 지금 여러 적들의 공초 가운데서 영경의 모습에 비슷한 몇 가지 말을 맞추어 가지고, 이를 가지고서 한 놈

백사 이항복 영정

이 공초하는 대로 그것이 곧 최영경이라 하니 이것은 외간에서 덮어놓고 낭설을 전하는 것이 아니다. 반드시 국청에서 다루는 옥사의 곡절을 밝게 아는 자가 교묘히 기틀과 함정을 만들어 영경을 몰아넣어서 삼봉을 만들려고 먼저 낭설을 퍼트려서 사람들의 귀에 익게 한 것"이라고 하였다.

당시 백사는 옥사의 곡절을 밝게 아는 자가 교묘히 함정을 만들어 수우당을 모함하려고 삼봉이란 인물을 조작해 낭설을 퍼뜨린 것이라고 판단하였다.

이로 인해 수우당은 옥에서 풀려날 수 있었다.

하지만 동생 천민당天民堂 여경은 무고하게 옥에서 세상을 떠나고 말았다. 수우당은 이를 몹시 슬퍼하며 옥문을 나왔다.

참고로 이때 세상을 떠난 수우당의 아우 최여경(1541~1589)은 8세 때 부친을 여의고 백형인 수우당을 따라 예를 다해 상을 치렀으며 모친을 봉양함에 있어 수우당 못지 않은 효성으로서 하였다.

진주에 장가들어 도동에 살 곳을 정하고 학문에 정진하면서 때때로 자연을 완상하며 유유자적한 생활을 하였다. 경전을 읽을 때는 "성현들의 한 말씀이라도 어찌 본받지 않겠는가"라고 생각하며 한 자도 소홀히 지나치지 않았다. 오음梧陰 윤두수尹斗壽의 권유로 과거공부를 했으나 곧 부귀영화를 마음에 두지 않았다.

약포 정탁이 어질다는 소식을 듣고 감역監役 벼슬을 천거하였지만 나아가지 않았고 이어 신령현감新寧縣監에 제수되었으나 나아가지 않으려고 했지만 백사 이항복이 대대로 벼슬하는 집안에서 벼슬을 사양하는 것은 도리가 아니라고 해 어쩔 수 없이 임지로 부임을 했다.

정무를 공평히 처리하고 스스로 청렴결백하니 송사가 없어져 옥이 비게 되었다고 한다. 얼마 후 벼슬을 그만두고 집으로 돌아와 은거하며 여생을 보내려고 했다.

하지만 기축옥사가 일어나자 형인 수우당보다 먼저 체포되었다. 옥에서 고초가 심하였지만 태연하게 처신해 선비의 몸가짐을 잃지 않았다.

옥에서 죽음에 임하여 아들 홍서에게 글을 보내 "형도 곧 죽을 것이다. 아들이 없으니 네가 백모를 친어머니처럼 모셔야 한다"라고 하고 다음날 형을 받다가 세상을 떠나니 1589년 6월 26일 이었다.

천민당이 일찍이 조계 유종지, 부사 성여신 등과 운당의 임연대臨淵臺에 올라 웃으면서 푸른 남강을 가리키며 " 대장부의 마음은 바로 저와 같아야 한다"라고 하니 주위에 있던 사람들이 모두 공의 마음이 이 말을 저버리지 않을 것을 믿겠다"라고 했다.

천민당 역시 수우당과 같이 효자였고 푸른 남강과 같은 변치 않은 선비의 마음을 지녔음을 알 수 있다.

옥에서 나온 수우당은 가마가 대궐 문밖에 이르자 임금의 은혜에 감사드리고 잠시 친척집에 머물렀더니 유명한 선비가 그의 아들을 시켜 쌀말을 보내면서 시골로 돌아갈 때 여비로 쓰라 하였다. 그의 아들이 묻기를 "무슨 까닭으로 사람에게 미움을 받아 이 지경에 이르렀습니까."하니 수우당이 대답하기를 "너의 아비에게 미움을 받았다"라고 하였다.

다음날 사헌부에서 다시 심문할 것을 청하였다. 이때 위관委官인 정철이 옥졸을 시켜 온갖 수모를 주게 했지만 자세를 조금도 흐트러짐이 없었다.

위관인 정철은 수우당에게 사적인 감정을 품고 있었다.

일찍이 안민학이란 사람이 있었다. 형제간에 서로 용납하지 아니함이 거의 죄를 얻을 정도였다. 이때 수우당이 형을 섬기는 극진한 도리를 들려주어 드디어 감화를 받아 뉘우쳤다. 뒤에 안민학이 시류에 아부하면서 말하기를 "나의 벗인 정계함鄭季涵은 참으로 착한 선비입니다. 원컨대 만나보십시오"라고 하였으나 수우당이 응하지 않았다.

후에 다시 말하기를 "이 사람은 국사에 마음을 다하는 사람이라 만나 봐도 될 것입니다"고 하니 수우당이 "옛날 서울에 있을 때 그 사람이 관직을 좋아한다는 소리는 들어도 정사를 밝히는 사람이라는 소리를 듣지 못하였다"고 하였다. 이 말을 안민학이 정철에게 고하자 철이 원한을 품었고, 안민학도 수우당을 원수 같이 여겼다.

수우당이 옥에 잡혀갈 때 서애 류성룡이 대궐에서 정철을 만나 묻기를, "최영경의 옥사가 어찌되어가오"라고 하니, 술에 취해 있던 정철은 손으로 자기 목을 가리키면서, "그가 일찍이 내 목을 이렇게 찍어 넘기려 하였다오" 하였다. 심수경沈守慶이 말하기를, "남의 말을 어찌 다 믿을 수 있소. 사람이 죽어가는 것을 보면 측은한 마음이 드는 것은 사람마다 다 같은 것인데, 어찌 그런 말을 차마 입밖에 내시오" 하였다고 전한다.

옥사가 삼엄해 지자 사람들은 모두 입을 다물고 한 마디도 감히 발언하지 못했다.

당시 백사는 "최공은 형틀에 처하여 고문을 당하여도 자기 방에 거처하는 것과 다름없이 얼굴빛이 태연하고 말이 조리가 정연하여 평상시 손님을 대하듯 하니 그 기백이 뛰어났다"고 했다.

좌상 김명원도 "국문장에 붙잡혀 들어올 때 사람으로 하여금 경모함을 일으키게 하였으니 그 평생 소양을 알 수 있다"라고 하였다. 이헌국李憲國도 "최공의 정신과 기백은 능히 사람을 감동하게 한다"라고 하며 한결같이 수우당의 몸가짐에 감탄을 아끼지 않았다.

이때 진주 선비 석정石亭 정홍조鄭弘祚가 옥사에 연루되어 서울로 잡혀왔다. 어떤 사람이 수우당에게 이르기를 "불행하게도 홍조가 거짓을 고한다면 일을 또한 헤아릴 수 없을 것입니다" 하니, 수우당이 말하기를 "내가 홍조와 한 고을에 살았으나 일찍이 만난 적이 없으니 홍조가 어떻게 생겼는지도 알지 못하니 그 명수命數야 어찌하겠느냐"고 하였다.

당시 진주 판관 홍정서는 정홍조를 위협하여 정여립이 수우당의 집에 드나들었다고 말하라 하였으나 정홍조는 진술하기를, "최영경의 집은 관가에서 5리 되는 곳에 있고 저는 40리 밖에 있사옵니다. 역적이 이름을 훔친 지 이미 오래인지라, 대낮에 공공연히 내왕하는데 어찌 명류名流가 와서 만나는 일을 5리에 있는 판관이 모르는데 40리 밖에 있는 사람이 홀로 알 수 있겠사오며, 만약 몰래 왔다면 전들 어떻게 알겠사옵니까. 판관에게 말한 적이 없사옵니다." 하였다. 전교하기를, "홍정서를 때려서 문초하라." 하니, 위관이 아뢰기를, "정홍조도 역시 때려서 문초하는 것이 어떻겠습니까?" 하자, 각각 한차례씩 때리고는 석방하였다.

이때 정홍조는 "나는 수우당 문하에 들어가지 못한 것을 부끄럽게 여겼다. 지금은 이 몸이 늙었으니 어쩔 수 없다. 그는 정직한 선비로서 서인들의 미움을 받아 역적과 간통했다는 죄를 씌워 죽이려고 하는데 내가 증인으로 불려와서 그 무죄함을 알면서도 힘써 구원하지 않으리오. 내기 증인이 되고 최수우가 옥사를 한다면 나의 자손까지도 세상에 죄인이 될 것이니 나의 자손을 어디에 둘 것인가. 내가 죽는 것은 두렵지 않다"라고 까지 했다.

    신愼씨라는 누이가 있어 옥바라지를 매우 지성스럽게 하였다. 하루는 날씨가 추워 누이가 손수 겨울 옷을 지어 옥으로 보내니, 수우당이 물리치면서 말하기를, "나같이 조상에 죄를 지은 자는 죽어도 아까울 것이 없다. 선영을 받들 조카 홍로弘路의 신상이 중하니 이것은 그에게 보내는 것이 좋다." 하였는데, 이는 대개 수우당의 조카가 장차 선사先祀를 이을 것이기 때문이다. 누이는 다시 이르기를 "조카에게는 이미 옷가지가 갖추어져 있으며, 이렇게 날씨가 차니 오라버니께서 이 옷을 입는 것이 좋겠습니다." 하니, 수우당은 대답하지 않고, 옷의 띠 위에 조카의 이름을 크게 써서 돌려주면서 말하기를, "누이가 경중을 이렇게도 모르는가." 하였다.

    이때에 수우당의 친구들이 역당과 관련되어 옥에 갇혀 있었는데 하루는 수우당이 수박을 먹어보니 매우 맛이 있어 한 조각을 나누어 보냈다. 사람이 말하기를, "공도 이빨 사이에 신맛이 남아 있지 않은가." 하니, 수우당이 웃으며 답하기를, "화복이 한정이 있는 것이니 과일로 끝마치는 것이 아니오." 하였다.

    수우당이 옥중에서 점점 쇠약해져 위급하게 되자 위관이 의관을 보내 진문하게 하였으나 수우당은 "내 병은 위관이 다스릴 바가 아니다" 하고 거절하였다.

수우당이 옥중에 있을 때 선비 박사길朴士吉과 서로 믿음이 두터웠다. 하루는 종이를 찾아 박사길로 하여금 종이를 잡게 하고 스스로 지면에다 명정銘旌을 썼는데 '수우당주인지구守愚堂主人之柩'라고 하였다. 곧 스스로 탄식하며 말하기를 "나는 평생에 단지 이 호號만이 있었음을 또한 밝힐 뿐이다"라고 하였다.

하루는 홀연히 박사길의 무릎을 베고 있다가 천천히 일어나 바를 정正자를 크게 쓰더니 곧 숨을 거두었다.

이날은 9월 28일 이니 향년 62세였다. 양주 서쪽 신혈리 목암동 향원에 장사지냈다.

참고로 '기축록己丑錄'에 실린 수우당의 옥중기록인 '최수우가 옥중에 있을 때의 기록崔守愚在獄中時記錄'을 옮겨 싣는다.

> 무릇 옥獄에는 반드시 간間이 있고, 간에는 반드시 직直이 있다. 금오金吾는 왕옥王獄이다. 적어도 이 옥에 들어온 자는 비록 아침까지는 벼슬아치라도 저녁에는 능욕을 당하는데, 한漢나라 때부터 이미 이러했다. 주발周勃의 말을 들어 보면 징험할 수 있다. 최영경 공은 성품이 굳세고 진중하여 범하는 사람이 없었는데 옥중에 있을 적에도 옥졸들이 두려워하고 존경하였다. 비록 잠깐 동안이라도 관복을 벗고 누은 적이 없었으니 공의 기국과 도량이 완고한 무리들을 굴복시켰음을 볼 수 있다. 그 당시는 옥사를

취조하는 것이 매우 준엄하여 사람들이 모두 발을 쌓고 숨을 못 쉬었다. 비록 선비라 이름하던 자들도 본심대로 하지 못하고 이랬다 저랬다 하는 자가 있었으나 공의 하인 10여 명은 사형沙刑을 가하였는데도 끝내 다른 말이 없었으니 비록 주리를 틀고 도끼로 위협하는 형이라도 이보다 더할 수 없다. 어찌 상백피桑白皮를 벗겨오라는 데에 그칠 따름이겠는가.

하루는 공이 옥에 있을 때에 위관이 역적의 종을 취조하면서 묻기를, "길삼봉이란 자가 역적의 집에 왔더냐." 하니 답하기를 "전에 보았습니다. 그 사람은 털이 희끗희끗한 것 같습니다." 하였다. 위관이 공을 옥에서 나오게 하여 여러 죄수들 사이에 끼어 놓고 적의 종으로 하여금 찾아내게 하였는데, 첫날에는 공에게 붉은 옷을 입히고 다음 날은 흰 옷을 입혔으며 또 그 다음 날에는 평상시의 옷을 입게 하여 모두 3번 옷을 바꾸었으나 역적의 종은 끝내 가려내지 못하였다. 그러나 공은 두려워하는 모양도 없고 다행으로 여기는 안색도 없었다. 공을 해치려는 자가 있어 말하기를 "너의 수염이 갑자기 검으니 틀림없이 흰 수염을 뽑아 없앤 것이 아니냐." 하니, 공이 듣고 웃으며 말하기를, "나는 어제 밤에 이 말을 듣고 비록 뽑아 없애고자 하여도 밤이 깊어 캄캄한데 어떻게 하겠으며 또 누가 이를 위해 뽑아주었겠느냐." 하니, 듣는 자가 그 도량에 감복하였고 이것을 본 옥료獄僚가 있었는데 나와서 사람에게 말하기를, "이 사람은 생사를 도외度外에 두었으니 마칠 수가 없다." 하였다. 공이 옥중에서 한 선비와 더불어 서로 믿고 매우 친숙했는데 하루는 종이 한 장을 찾아 선비더러 잡으라 하고 종이에 자기 명정銘旌을 쓰기를, "수우당 주인守愚堂主人의 관이라." 하고는 스스로 탄식하기를, "내 평생에 단지 이 별호뿐이니 이 이름으로써 발명할 뿐이다." 하였다. 하루는 어떤 사람이 밖에서 편지를 공에게 주니, 공이 보고는 흐느껴 울었다. 물어보니 답하기를, "임금으로부터 은혜로운 전지가 내렸으니 태양이 두루 비치매 그 감격함이 망극하다. 그렇지만 나의 동생이 먼저 죽어 이 은혜를 입지 못하는구나. 내 동생에게 무슨 죄가 있겠는가. 나에게서 일어났고 나에게서 죽었으니 이것이 길게 통곡하는 까닭이다." 하니, 듣는 자가 측은하게 여겼다.

사간원이 재차 탄핵하여 체포되어 옥으로 왔는데, 옥졸들이 벌려서서 움켜 쥐고 뜰에 던지어 무릇 두 번이나 분뇨 속에 자빠져서 어깨와 목이 꺾이고 상하여 더할 수 없는 곤욕을 당했으나 공은 사기辭氣가 동요되지 않고 시종을 가려서 종용하게 대답했다. 옥관이 꾸짖기를, "국문하는 마당에는 무단히 지난 일을 끌어내어 사설辭說만 허비시키지 말라." 하니, 공이 정색하여 말하기를, "공은 죄수가 진술한 대로 쓸 따름이지 사설의 소비가 공에게 무슨 관계이냐." 하니, 옥관이 매우 노하였다. 그 정직함이 이와 같음이 많았다. 그때에 윤두수尹斗壽가 평안 감사에서 내직으로 들어와 사헌부의 장이 되었고, 이해수李海壽

가 사간원의 장이 되었다. 진주 사람 정홍조鄭弘祚가 공의 옥사에 연좌되어 체포되니, 서울에 있는 여러 사람들이 공에게 말하기를, "불행히 정홍조가 무고를 하면 또 일을 헤아릴 수 없겠다." 하니, 공이 말하기를, "나는 정홍조와 같은 고향이나 아직 상면한 적도 없으니, 정홍조가 어떻게 할지를 모르며 또 운명이 있는데 어찌하랴." 하였다. 그런데 정홍조가 옥에 들어왔을 때는 공이 이미 죽었다. 정홍조가 한 선비에게 옥사에 대처할 바를 자세하게 물으니 선비가 알려주기를, "무릇 옥사란 바르게 할 뿐이다. 천도天道는 매우 밝고, 귀신은 속이기 어렵다." 하니, 정홍조가 개연히 말하기를, "최공은 운치가 있는 사람이고, 나 같은 사람은 한낱 땅벌레와 다를 바가 없다. 매양 내 발이 최공의 문에 미치지 못한 것을 부끄럽게 여겼고 지금 내 나이도 늙었으니 설사 속여 대답하고 산다 해도 사람들은 반드시 욕하기를, '이 사람이 전에 최 모某를 억울하게 죽였다.' 할 것이니, 내 자손을 둘 땅이 어디인가." 하였다. 대개 이 옥사가 경상 도사都事 허흔許昕이 진주 판관 홍정서에게서, "역적이 전에 최모의 집에 왕래하였다."는 말을 들었으며, 홍정서는, "진주 별감晉州別監 정홍조에게 들었다."는 말에서 기인된 것인데, 이제 와서 홍정서가 먼저 옥에 있어 자주 사람을 보내어 협박하였으나 정홍조는 대답하지 않았다. 그러다가 공사에 말하기를, "최 모의 집은 진주 관아로부터 5리쯤에 있고 홍조의 집은 40리 밖에 있습니다. 이때에 역적이 명사名士란 이름을 도용盜用한

지 이미 오래이니, 설사 공공연하게 백주에 내왕하였다면 어찌 이른바 명사라는 자가 와서 만나는데 5리에 있는 판관이 모르는 것을 40리에 있는 홍조만 유독 알 리가 있겠습니까. 만약 숨어서 서로 왕래하였다면 나는 실로 모르오며 또 전에 정서에게 말한 일도 없습니다." 하였다. 옥사獄辭가 임금에게 올라가니, 답하기를, "홍정서에게 속히 형을 가하여 심문하라." 하였는데, 위관이 다시 아뢰기를, "정홍조도 옥사를 뒤엎은 정상이 매우 드러났으니 정홍조도 형을 가하여 심문하소서." 하여 모두 한 차례씩 신문하고 석방하였는데, 정홍조는 지금도 무양無恙하다.

신愼씨라는 누이가 있어 옥바라지를 매우 지성스럽게 하였다. 공은 성품이 방직方直하여 비록 고기를 베거나 파를 자르는 것도 반드시 법도에 따르고자 하니, 자제들이 명령을 받들어 그 뜻을 조금도 어긋나게 하지 않았다. 하루는 날씨가 추워 누이가 손수 겨울 옷을 지어 옥으로 보내니 공이 물리치면서 말하기를, "나같이 조상에 죄를 지은 자는 죽어도 아까울 것이 없다. 선영을 받들 조카 홍로弘路의 신상이 중하니 이것은 그에게 보내는 것이 좋다." 하였는데, 이는 대개 공의 아우 아들이 장차 공의 선사先祀를 이을 것이기 때문이다. 여종이 다시 심부름 와서 아뢰기를, "조카에게는 이미 옷가지가 갖추어져 있으며, 이렇게 날씨가 차니 오라버니께서 이 옷을 입는 것이 좋겠습니다." 하니, 공은 대답하지 않고, 옷의 띠 위에 조카의 이름을 크게 써서 돌려주면서 말하기를, "누이가 경중을 이렇게도 모르는가." 하였다. 이때에 공의 친구들이 역당과 관련되어 옥에 갇혀 있었는데 하루는 공이 수박을 먹어보니 매우 맛이 있어 한 조각을 나누어 보냈다. 사람이 말하기를, "공도 이빨 사이에 신맛이 남아 있지 않은가." 하니, 공이 웃으며 답하기를, "화복이 한정이 있는 것이니 과일로 끝마치는 것이 아니오." 하였다.

○ 호남 선비로 임탁林侂이라는 사람이 있었는데 전에 옥중에 갇혀 있을 적에 공에게 몸가짐의 요체를 물으니, 답하기를, "군의 자字가 무엇이냐?"고 하니, 말하기를, "자정子正이라." 했다. 공이 천천히 말하기를, "그 자이면 족하니 종신토록 집념해도 좋다." 하였다. 하루는 식욕食欲을 논하면서 공이 말하기를, "나는 전에 무를 좋아하여 비록 증석曾晳의 양조羊棗나 굴원屈原의 마름으로도 더할 수 없었는데, 언제나 시골서 나는 것이 독해 서울서 나는 것보다 맛이 좋지 않음을 한스러워했다. 이에 옥사로 압송될 적에 길가 시장에 무가 많이 매달렸는데 잔뿌리가 없고 미끈하므로 나도 모르게 오랫동안 침을 흘렸으니 사람의 욕심이란 무서운 것이 이와 같다. 학자는 마땅히 경계해야 한다." 하였다. 공의 병이 중태가 되니 위관이 국문에 임하게 되자 여러 차례 의관을 보내어 진맥하여 마치 매우 공경하는 척하였다. 마지막에는 은대銀帶를 띤 당상 의관이 와서 굳이 공에게 진맥을 하자고 청하였으나 공은 대답도 않더니 서서히 팔을 굽히면서 말하기를, "이 병은 위관이 치료할 수 없소." 하고는 끝내 거절하고 따르

지 않았다. 한광립韓匡立이란 자가 상소하여, "정언신鄭彦
信의 반역 죄상이 본래부터 현저했다." 하고, 따짐으로써
옥에 갇혔는데, 마침 공과 더불어 한방에 있게 되었으나
공은 시종 벽을 향한 채 한광립의 얼굴을 보지 않았다. 이
때는 임금님의 노여움이 심하여 한광립은 마침내 무고죄
로 옥중에서 죽고, 공도 역시 수일 후에 갑자기 죽었는데,
거기에 있던 선비들이 공의 시체를 들어 변소 옆에 옮겨
놓고는 말하기를, "한광립의 시체와 서로 가까이 있기를
원하지 않을 것이니 공은 여기가 편할 것이오." 하였다.

그때에 공은 비록 옥중에 오랫동안 갇혀 있었으나, 언
제나 하루종일 굻어 앉아 있었으며 아직 한 번도 누워 있
지를 않았다. 그날도 평상시와 같이 곧게 앉아 있었는데,
식사 후에 갑자기 안색이 나빠져 선비의 무릎에 누으니
옆의 사람들이 모두 이상히 여겼다. 밖에 있는 집안사람
이 정신을 시험하고자 공에게 글자 한 자를 써 달라고 매
우 간청하니, 공이 서서히 일어나 크게 정正자 한자를 썼
는데 이미 획이 틀렸다. 공은 옆의 선비를 돌아보고, "그
대는 이 글자를 알아보겠는가." 하더니, 잠시 후에 죽었
다. 공 같은 사람은 정正을 얻어서 죽었다 하겠으니 무엇
이 슬프겠는가.

진주 유생 하징河澄 등 170명이 상소하여 조식曺植을
모시는 덕천서원에 최영경을 예전대로 종사從祀할 것을
청하니, 해조該曹에 계문을 내렸다. 예조에서 회계하기를,
"서원의 설치는 선비들 중에서 선현을 존경하고 추모하는

거사에서 나온 것이오며, 건설하게 되어 사액賜額을 청할 때에 비로소 조정에서는 알게 되는 것이옵니다. 당초 조식의 덕천 서원은 최영경이 조식의 문하생으로 한 때에 선비들의 존앙尊仰한 바 가 되어 종사하였던 것이오니, 최영경을 영구히 공향共享케 하여 여러 선비들의 마음을 위로하심이 사리에 마땅하온즉 원하는 바에 따라 시행케 하심이 어떠하올지요?" 하니, 답하기를, "아뢴 대로 하라." 하였다.

감사 박경신朴慶新이 서원에 참배하고는 물러나와 여러 유생들과 이야기를 하다가, 기축년의 사건에 미치자 말하기를, "정철이 위관이 되어 국청에 있었는데, 수우당이 국정으로 잡혀 오는 것을 보자 발끈하여 말하기를, '저 자가 전에 나를 죽이고자 하였다.' 하니, 심수경이 말하기를, '장차 죽게 될 사람을 보면 측은한 마음을 갖는 것은 사람마다 같은 법인데, 어찌 차마 이런 말을 하는가.' 하였다. 하루는 임금님이 최영경의 사람됨을 물으니 정철이, '최영경의 행동이 괴벽하옵니다.' 하고, 대답하는 말이 끝나기도 전에 심수경沈守慶이, '신은 그를 잘 모르오나 국청에서 보오니 그 용모와 사기辭氣가 선비 같았습니다.' 하였고, 김명원金命元이 또 아뢰기를, '신은 이번에 처음 보았사온데, 과연 심수경이 대답한 바와 같이 실상은 반역을 꾀할 사람이 아니옵니다.' 하였고, 윤근수尹根壽가 잇달아 아뢰기를, '신은 전부터 그의 사람됨을 알고 있사온데, 효성이 출천出天하여 부모가 살아 있을 때는 섬기고 죽어서는 예로써 장사하는 것이 옛사람에게 부끄러울 것이 없사오며 심지어 장례 때에 석곽을 만들어 그의 효심을 다하였습니다.' 하였다. 나는 그때에 문사랑問事郞으로 있었기에 상세하게 안다." 하였다.

'기축록己丑錄'은 1589년 발생한 기축옥사에서부터 1625년(인조 3) 이 옥사가 일단락될 때까지의 기록 및 문서를 편집한 책으로 2권 1책 분량의 필사본이다. 편자와 편찬 연대는 미상으로 상권에는 대체로 최영경에 관한 내용이 많고, 하권은 정개청에 관한 기록으로 이루어져 있다. 또한 동인의 입장에서 편집한 책으로 여겨지지만 정철鄭澈·성혼成渾 등 서인에 관한 기록도 포함되어 있다.

## 제9장
# 신원과 추증

　1590년 9월 서울 의금부 옥에서 수우당이 세상을 떠났다는 소식을 들은 남명학파 선비들은 슬픔을 이기지 못하고 애통하게 생각했다. 그리고는 수우당의 억울함을 풀고자 많은 노력들을 한다.
　우선 신원소를 올리는 일이었다. 모헌 하혼의 문집인『모헌선생 문집暮軒先生文集』연보에 그 과정이 비교적 상세히 기록돼 있다.
　1590년 7월 모헌은 역양, 모계와 합천의 우곡재에서 모여 강학을 하다가 수우당이 의금부 갇혔다는 소식을 듣고 서로 통분하며 탄식했다. 그리고 이때 송암 이로, 사호 오장, 영무성 하응도, 황암 박제인, 모촌 이정, 설학 이대기 등이 수우당 신원의 일을 논의했지만 수우당이 석방되었다는 소식을 듣고 그만두었다.
　수우당은 얼마 후 다시 체포되어 의금부 옥에서 세

상을 떠난다. 다시 지역의 유림들은 10월 수우당의 부음을 듣고 신원소 올릴 것을 논의하였다, 이때 역양 문경호를 소두로 천거하였으나, 관찰사의 만류로 올리지 못했다.

다시 이듬해인 1591년 5월 수우당 신원소의 일로 월정 배명원, 도촌 조응인과 연서로 모계 문위에게 보냈다. 그 후 문위는 수우당 신원소를 지었으나 신원이 되었다는 소식을 듣고 올리지 않았다. 당시 모계가 지은 상소내용은 아래와 같다.

신 등은 모두 보잘 것 없는 이들로서 성세盛世를 만나 맑은 교화에 젖어 하늘이 내려 덮고 땅이 만물을 싣고 있는 것 같은 커다란 인애仁愛를 입고 있으니 견마犬馬의 연모를 함께 이해함이라 사료됩니다.

얼마 전에 역모의 흉악한 일이 선비들 사이에서 일어나고 모함이 은밀히 퍼져 감히 지치至治에 누를 끼쳤으나 다행히 전하의 총명과 종사의 신령함을 힘입어 괴수는 주살당하고 간당姦黨은 일소되었으니 누가 전하의 성무聖武를 우러러보지 않겠습니까. 그러나 전하가 난적에게 중전重典을 베풀어 평정되지 아니한 바가 있어 가슴 속으로 흉계를 행하는 자가 혹 원한을 갚으려는 술책을 꾸며 그 기미의 틈을 엿보아 동기動起하여 터무니없는 참언을 퍼뜨려 법망으로 얽어매어 온갖 소리로 수많은 단서를 조작하여 어질고 착한 사람으로 하여금 억울하게 죽음을 당하게 하였으니 참으로 전하께서 어떠한 형정을 행하시어 인심을 복종시키고 왕법을 펴실 것인지 알 수 없습니다.

전하께서 사방에 보이는 바와 사방의 밝은 말을 밝히시어 원근을 상관치 마시고 오직 올바른 것만을 취하시고 계책에는 현우賢愚를 가림없이 오직 정당한 것 만을 쓸 것으로 사료되오니 신 등이 비록 소원하나 백가지 가운데 한 가지라도 옳은 것이 있는 어리석은 자를 본받는다면 조금이라도 어찌 도움이 되지 않겠습니까.

신 등이 가만히 생각컨대 고 최영경이 삼봉三峯이라는 무고를 당하여 옥중에 갇히어 실정을 펴지 못하고 갑자기 죽었으니 영경의 죽음이 원통하고 애석한 일인데도 국가가 하늘의 법을 잃은 것은 어찌 크게 슬퍼할 일이 아니겠습니까.

영경은 본래 벼슬하는 집안의 후예로서 대대로 도성에 살았으며 효우의 덕과 개절介節한 행실이 안에서부터 밖으로 드러났으며 반세半世 동안 진주에 살면서 문을 닫고 들어 앉아 고요함을 지켜 성세에 문달聞達을 구하지 않았습니다. 몇몇의 대신들이 그를 알고 조정에 천거하니 영경이 헛되어 이름을 얻은 것을 부끄러이 여겨 시골로 돌아와 시골에서 뜻을 기르며 세상의 좋은 것을 염두에

상소원문 1

상소원문 2

두지 않고 한결같이 병든 사람으로 자처하였으니 이는 곧 영경이 시종 결백한 증명입니다. 그의 학문은 신들이 그 깊이를 알 수 없으나 그 고금 흥망의 자취를 논하거나 인물 시비의 귀결을 평하는 것을 보니 대의를 헤아려 그 대절을 취하였습니다. 매양 사기를 읽다가 동한東漢의 패망과 이송二宋의 혼란에 이르러서는 일찍이 책을 덮고 통곡하지 않음이 없었으니 충군애국의 정성과 호선질사好善嫉邪의 마음이 없는 이가 어찌 능히 이에 이르겠습니까.

수군거리는 자들이 혹 벼슬길에 나아가지 않는 것을 이러쿵저러쿵 말이 많으나, 우리 성조로부터 거론해 본다면 물러가기를 쉽게 여기고 나아가기를 어려워했던 군자가 그 얼마나 되며 이름을 구하고 봉록을 쫓은 비부鄙夫가 또한 얼마입니까. 구퇴난진求退難進한 자는 겨우 몇 명에 불과하며 구명간록한 자는 물흐르듯 이어 내려왔으나 말하는 자들이 이를 생각하지 않고 도리어 괴이하게 여기는 것은 어찌 된 일입니까. 영경의 일생 동안 심행이 대저 이와 같은데 일찍이 이와 같은 사람이 도적의 일을 행했다고 할 수 있겠습니까. 신등은 청컨대 그 무함을 받은 원인을 말씀드리겠습니다.

진주인晉州人 정대성鄭大成은 그 형에게 겁을 주어 그 형을 죽게 한 일로 향교에서 쫓겨나자 영경이 이를 용납하지 아니하니 대성이 자기를 배척한 것을 원망하게 되었습니다. 또한 판관判官 홍정서洪廷瑞가 관에 있으면서 청렴하지 않으므로 영경이 거절하고 들여놓지 않았더니 자기를 물리친 것을 원망한 것입니다. 그러자 역변이 일어남에 미쳐 삼봉의 이야기가 일어나자 기러기를 잡을 만한 그물이 있음을 기뻐하며 대성이 호남인 중 부량한 자에게 달려가 그들로 하여금 선비 간에 유언비어를 퍼뜨리게 하고 정서는 선비 중 권세 있는 자에게 날조하고 그들로 하여금 대관에게 전파케 하였습니다.

슬프다! 그 당인 중 조정에 있는 자가 굴혈 속의 여우와 토끼보다 적지 않으며 밖에 있는 사악한 무리가 새매와 들개 같이 하나 둘이 아니며 비단의 무늬를 놓듯이 무성하게 날조하였으니 영경이 죄를 면할 수 있는 것이 또한 어렵지 않겠습니까.

참언의 근본을 추구해 보면 대성은 스스로 그 정상이 전하의 밝음 앞에서 피하기 어렵다는 것을 알면서도 모르는 일이라고 하였으며 정서 또한 실정을 알면서도 정홍조

상소원문 3

에게서 들었다고 하였습니다. 홍조는 진주의 백성이라 정서가 죄를 두려워하여 자기에 돌린 것이라 하였으니 홍조도 또한 사람이거늘 어찌 차마 근거없는 무언을 입밖에 내겠습니까. 위관은 마땅히 대성과 정서의 정상을 환히 드러내 그 무고와 기함欺陷의 심적을 밝혀 위로는 전하에게 고하고 아래로는 조정에 선포하여 거짓으로 연좌시킨 죄를 알리고 무고의 악행을 바르게 다스림이 옳은 일이건만 대성은 심문도 하지 않고 석방했으며 정서는 한 번 형벌을 준 다음 풀어주었을 뿐입니다.

아아! 전하께서는 일찍이 영경에게 관위를 주어 육품직에 오르게 하였으며 또 영경으로써 헌부의 관직에 서게 하였습니다. 이것은 전하께서 영경을 산림의 처사로 허여한 것인데, 처사로서 대역의 이름을 가지게 되었다면 마땅히 사실을 남김없이 살펴서, 참으로 그러하다면 대역을 처단하여 일세에 그 죄를 바르게 해야 할 뿐만아니라 장차 역사책에 크게 기록하여 후세 도명자盜名者의 본보기로 삼아야 할 것이요, 참으로 그렇지 않다면 그 끌어들인 무리를 찾아내 모함한 죄를 바르게 하여, 죄를 발언자에게 그칠 것이 아니라 마땅히 끌어들인 무리를 처벌하여, 선비로서 선인을 모함하는 자들의 본보기로 삼는 것이 옳을 것입니다. 그러나 위관은 일찍이 이로써 전하에게 아뢰지 않았으며 전하 또한 이로써 위관에게 묻지 않았으니 인심이 전하의 정형政刑에 복종하지 않은 것은 바로 이것 때문입니다.

전하께서는 영명英明으로써 조종祖宗과 백성의 의탁을 짊어지고, 선악의 상벌에 사심이 없어 마치 일월이 비추어 한 터럭의 구름도 가림이 없는 것과 같은 치세가 지금에 이십오년이 되었습니다. 그러나 유독 영경의 옥사만은 간사한 무뢰배들에게 희롱을 받아 마침내 착하고 어진 사람으로 하여금 억울한 일을 밝혀내지 못하게 하였으니 어찌 애석하지 않겠습니까? 신 등은 이 일로 인하여 또한 무궁한 위구심危懼心을 가지는 것입니다.

공경公卿은 전하가 고굉股肱의 임무를 맡기고 이목耳目을 의탁한 곳으로 영경이 군소배로부터 무고 당한 것을 알지 못함이 아니로되, 권관들의 기함만 인정하고 왕법이 평평하지 못한 것을 앉아서 쳐다보기만 하여, 이를 조정에서 명변하지도 않고 전하에게 고하지도 않았으니 이것

상소원문 4

은 다만 권간만 알고 왕법이 있는 것을 알지 못한 것입니다. 입 다물고 남의 비위만 맞추므로 총애를 유지하고 자리를 보존하여 이 습속에 길들여진다면 비록 큰 도둑, 큰 간흉이 기강을 움켜쥐고 흑백을 어지럽혀 막대한 화를 끼쳐도 말하는 자가 없으니, 그 종묘사직은 어찌되겠습니까? 신 등이 통석하는 것은 이것입니다.

  옛날 이고, 두고가 주유와 교제하였다고 무고를 받았는데, 한나라가 이를 명변하지 않아 마침내 이로써 망하게 되었으니 예부터 군자가 원통한 일에 걸려드는 것이 어찌 국가의 치란治亂에 유관하지 않겠습니까? 신 등은 산야의 포의가 위에 나아감이 죄가 되고 수청함이 즐거움이 됨을 모르리오마는 단지 선을 좋아하고 악을 싫어하는 것은 천하의 동정이요, 선한 일에 상을 주고 악한 일에 벌을

상소원문 5

주는 것은 왕법의 대단이기에, 호악과 상벌이 거꾸로 되어도 전하의 고굉, 이목의 신하들이 말하는 이가 없다면 신 등은 차라리 위에 나아가는 죄를 범할지언정 차마 전하를 저버릴 수는 없습니다. 또 후세로 하여금 일세의 공론이 일찍이 인멸하지 않았음을 알게 하고자 하는 것입니다. 하물며 금일은 초야에 있어 비록 소원을 한 것 같으나 명일 갈옷을 벗어던지면 왕신이 아님이 없으니 어찌 우리 임금의 형정 실수를 서둘러 고하지 아니하고 진나라 사람이 월나라 사람을 보듯이 느긋이 보고만 있을 수 있겠습니까?

    엎드려 원하건대, 전하께서는 영경을 무고한 말의 근원을 다시 살펴 형전을 밝게 보이어 간사한 무리로 하여금 세상에 자취를 남기지 못하게 하시고 여우같은 무리를

신원과 추증

조정에서 영절하게 하시옵소서.

수우당 사후 교유인들과 제자들이 수우당의 억울함을 조목조목 제시해 임금으로 하여금 원통함을 풀어달라는 내용이 간절하게 직시하고 있다.

수우당이 무고하게 세상을 떠나게 한 말의 근원을 다시 살펴 형벌을 바르게 시행해 간사한 무리들이 세상에 자취를 남기지 못하고 간신들이 조정에 다시는 발 붙이지 못하도록 해야 한다고 주장하고 있다.

당시 수우당이 신원된 것은 당시 부제학 학봉 김성일의 노력이라고 할 수 있다.

1591년 5월 학봉 김성일이 부제학에 임명되고 입시하여 처음 아뢰기를, "최영경崔永慶이 무함을 받고 옥중에서 죽었으니 속히 신설伸雪해 주도록 하소서." 하였다. 임금이 이르기를, "그대가 어떻게 영경이 역적과 작당하지 않았는지를 아는가?" 하니, 성일이 답하기를 "신이 그와 만나보지는 못했지만 그의 마음 씀씀이와 일처리 하는 것으로 봐서 그가 절의節義에 죽고 사는 사람이란 것을 알았습니다. 그의 논의가 왜곡되지 않았으므로 간인姦人의 미움을 사게 되어 우연히 길삼봉吉三峰의 전설을 그에게 덮어씌우게 된 것으로 너무도 억울한 일입니다." 하였다. 상이 재삼 힐문하자 김성일은 집요하게 견해를 제시했다.

이때 대사헌 홍여순洪汝諄, 장령 조인득趙仁得 윤담

무尹覃茂, 지평 이상의李尙毅 정광적鄭光績, 대사간 이원익李元翼, 사간 권문해權文海, 헌납 김민선金敏善, 정언 이정신李廷臣·윤엽尹曄 등이 합계하기를,

"정철·백유함·유공신·이춘영李春英 등이 서로 붕당을 지어 조정을 어지럽히면서 자기들과 뜻이 다른 사람들을 없애고자 하였습니다. 이에 유생들에게 상소하도록 꾀어 이름있는 재상과 사류들을 역당逆黨으로 몰아 모두 죽이려 하였으니 아울러 먼 곳으로 찬축시키소서."

하니, 상이 따랐다. 정철은 진주晉州에 유배되고 백유함·유공신·이춘영은 서쪽 변방에 유배되었는데, 상이 극변으로 이배移配하도록 하여 정철은 강계로, 백유함은 경흥으로, 유공신은 경원으로, 이춘영은 삼수로 이배되었다

8월에도 부제학 김성일金誠一이 조강朝講을 틈타서 최영경이 원통하게 죽은 일을 아뢰고 그 억울함을 풀어줄 것을 청하니, 임금이 "최영경은 이러저러한 자취가 여전하니 관작을 환급하는 것은 부당하다. 다만 그의 죽음이 억울하니 직첩만 환급하라."고 명하였다. 그리고 이어 최영경을 무고한 양천경·양천회·강건·김극관·김극인 등을 국문을 하였다.

1593년 최경영의 아내에게 곡식을 주도록 정원에 전교하였다.

"전일 중사中使가 서울을 왕래할 적에 사축司畜 최영경의 아내가 길 옆에서 굶주림을 호소하고 있어 듣기에 매우 참혹했다고 하였다. 그의 아내까지 굶주려 죽게 해서는 안 된다. 그의 아내가 아직도 거기 있는지 알 수 없으나 유사有司로 하여금 탐문하게 하여 쌀과 소금을 계속 제급하여 굶주려 죽는 지경에 이르지 않게 하라."

1594년 5월 최영경을 추증할 것을 하명하다. 24일 전前 사축司畜 최영경崔永慶을 추증追贈하여 사헌부 대사헌에 제수하였다.

그리고 예조정랑 정홍좌鄭弘佐를 보내 억울한 죽음을 위로하는 제문을 내렸다.

> 만력 이십이년 세차 갑오 십이월에 국왕이 신 예조정랑 정홍좌를 보내어 증 사헌부 대사헌 최영경의 령에 고하여 제사를 지내노니 유령惟靈은
>
> 아아 슬프다 어쩔수 없도다. 그 죄 무엇인가. 화가 그대에게 전가되었도다. 경은 아름다운 선비, 물외物外에 우뚝 서서 높은 풍격과 뛰어난 절개는 넉넉히 풍속을 다듬고 세상에 은둔한 지 십년에 생추生芻 한 묶음이로다.
>
> 황곡은 높이 날아 주살을 펴기 어렵거늘 어찌 불행이도 이를 면치 못했는가.
>
> 때를 타 사사로운 원한을 풀고자 단호短狐가 독기를 펴고 터무니없는 모함으로 즐겨 옥사를 일으켰네.

죽이지 않고서는 시원치 않아 마침내 옥중에서 죽었네. 원기는 북두에서 접하니 그 통한 어찌 다하리오.

무릇 속이는 일도 내 오히려 부끄러이 여기노니 우리 어진 선비를 죽였으니 이 어찌 참으리오. 화가 누구로 인하여 생겨 이 누가 이룩했는가.

국인鞠人의 사나움이 또한 혹독하였네. 한번 노하여 빨리 막으려 했건만 내 능히 못하였도다. 시비를 바루니 밝기가 일월같네. 고요히 생각하니 아픈 마음 뼈에 사무치네. 죽은 이는 다시 살아날 수 없으니 단시 탄식만 더할 뿐 간흉을 베어 죽임에 이미 부월을 보였도다. 구천의 경을 위로하여 또한 이미 증직하고 간특한 무리에게 죄를 더하여 억울함을 풀었도다.

나의 아픈 마음 이제 더욱 깊어져 이에 제문을 내려 애오라지 슬픈 정성을 펴노니 정령이 있거든 흠향하기 바라노라

선조가 내린 사제문을 후학들은 덕천서원 뜰에 세웠다가 후에 진주 도강서당으로 옮겨 수우당의 억울한 죽음을 널리 알렸다. 현재 왕이 직접 제문을 내리고 제문을 비로 세운 일이 드물고, 당시 이 지역의 쇠잔해진 문풍을 일으키게 하는 역사적 배경이 있는 비문으로 중요한 자료로 경남 유형문화재 제378호로 지정돼 있다.

사제문이 내린 후에도 수우당의 억울함을 호소하

선조사제문비

는 상소는 계속되었다.

1601년 12월 고령에서 역양 문경호, 동계 정온, 부사 성여신, 진사 이대약 강극신, 처사 이육李堉 이수언李秀彦 도응유都應兪 등이 수우당을 모함하여 죽인 것을 탄핵하는 상소를 하였다. 이때 상소는 역양이 작성했다.

선조수정실록 34년 신축(1601, 만력 29) 12월1일 (갑자)조에 '영남인 문경호가 성혼과 정철의 죄를 아뢰자 황신이 무고함을 상소하다' 는 기록이 실렸다.

영남 사람 문경호 등이 상소하기를, "처사 최영경이 권간 정철의 모함을 받아 왕옥에 잡혀 들어가 옥중에서 굶어 죽었으므로, 신들은 원통한 마음이 뼈에 사무쳐 그 원한을 펴주기를 기대했었습니다. 매우 다행스럽게도 쟁신들이 잇달아 논하고 성상께서 통촉하시어 영경의 원통함은 이미 씻어지고 간신의 정상도 자못 드러났습니다. 그러나 신들은 이것만으로는 유감이 없지 않은데, 그중에 그만둘 수 없는 것을 진달하고자 합니다.

국가의 잘못은 죄없는 사람을 죽이는 것보다 더 큰 것이 없습니다. 죄없는 일반 백성을 죽이는 것도 오히려 불가한 일인데, 하물며 죄없는 어진 선비를 죽이는 것이겠습니까. 고금 천하에 아무리 무도한 때라 하더라도 어찌 처사를 죽인 때가 있었겠습니까. 반드시 죽이고 싶은데 적당한 구실이 없으면 전하께서 들어주지 않으실 것을 알고는, 길삼봉吉三峯이란 이름을 뒤집어씌워 잡아다가 매를 쳐서 죽게 하고 말았으니, 간인의 화가 참혹하기도 합니다.

비록 그러나 정철은 단지 주색酒色에 빠진 무리요 경박한 사람일 뿐이라, 그 무리들의 추중推重함이 성혼成渾에게는 미치지 못하였습니다. 정철 역시 성혼에게 의지해서 무게를 갖게 된 것이니, 철은 논할 것이 없고 혼의 죄가 무겁습니다. 혼이 영경과 혐의를 맺어 이를 갈면서 한번 영경에게 독을 끼치려고 한 지가 오래되었는데, 단지 그 기회를 얻지 못하였을 뿐입니다.

기축년 역적의 변고가 진신縉紳에서 나오자, 혼은 철과 함께 국가의 재앙을 다행으로 여겨 일신의 유감을 풀 수 있는 기회로 삼고 드디어 팔뚝을 걷어붙이고 도성 안으로 들어와 당파들을 지휘하여 끝내 함정에 얽어 넣는 계책을 이루었으니, 생각하면 참혹합니다. 김종유金宗儒는 혼의 문객인데, 그때 영남에서 와서 혼을 만나보니, 혼이 은밀히 묻기를 "너는 최영경이 길삼봉인 것을 아는가?" 라고 하기에 종유가 깜짝 놀라면서 '무엇 때문에 이런 말을 하는가?' 하니, 혼이 묵묵히 좋아하지 않다가 이어 종유에게 사과하였다 하니,

철이 영경을 길삼봉이라고 지목한 것이 과연 혼에게서 나온 것이 아니겠습니까.

그 자취를 논하면 혼의 죄는 가볍고 철의 죄는 무거우나, 실정을 궁구해보면 철의 죄는 작고 혼의 죄는 큽니다. 그런데 독한 정철의 죄는 조금 폄삭貶削을 당했으나 흉악한 성혼은 죽은 뒤 아직까지 명위名位를 보전하고 있으며, 심지어는 그의 문생과 도당이 요로要路를 외람되이 차지하여 밝은 조정을 욕되게 하고 있으니, 어떻게 이미 뼈가 되어버린 원통한 혼령을 위로하며 오랫동안 억눌린 사기를 펼 수 있겠습니까.

공의公議는 기다렸다가 결정되고 청론淸論은 오래될수록 더욱 격렬해지는 것입니다. 어찌 남의 신하가 되어 군부를 속이고 어진 선비를 모함해 죽이고서도, 살아서는 찬축되는 벌을 면하고 죽어서는 높은 반열의 영예를 누릴 수 있단 말입니까. 삼가 바라건대, 전하께서는 소인들의 실정을 살피고 선량한 사람의 죄 없음을 불쌍히 여겨, 명나라 선황제宣皇帝가 장청臧淸에게 죄를 더하고 우리 나라 공정 대왕恭靖大王이 차원부車原頫에게 제사를 내려준 것처럼 하소서. 그러면 영경의 본심도 역시 밝은 성명아래에 환히 드러날 것입니다." 라고 하였다.

## 제10장
# 수우당이 남긴 시와 편지글

수우당이 남긴 글은 『수우당실기守愚堂先生實記』에 실려 전한다. 1910년에 간행된 수우당 실기는 면우 곽종석의 서문, 회봉 하겸진 등의 발문이 있다. 모두 4권으로 편집되었는데 「권 1」에 시詩 6수와 상소문上疏文 1편, 공사供辭 2편, 서 5편, 문 2편 등 도합 16편이 수록되어 있다. 그 외는 모두 부록이다.

원래 수우당의 저술이 상당히 많았으나 임진왜란 때 불탔다고 하며 또 후손이 없어 제대로 수습하지 못한

『수우당실기』

이유도 있다.

## 1. 시

### ■ 두류산을 읊다(題頭流山)

| | |
|---|---|
| 누가 신령스런 도끼로 곧은 옥돌 깎았는가 | 誰將神斧削貞珉 |
| 우뚝선 자태 늠름히 푸른 하늘 찌르네 | 矗立巖巖入翠旻 |
| 뾰족한 산봉우리 모두 드러내기 싫어서 | 稜角却嫌何太露 |
| 짐짓 안개비로 몸을 반쯤 숨겼다네 | 故教烟雨半藏身 |

### ■ 절구(絶句)

| | |
|---|---|
| 우당의 집속에 어리석은 한 지아비 | 愚堂堂裏一愚夫 |
| 한마리 우는 짐승과 책 한권 | 一隻鳴禽一卷書 |
| 하루종일 빈 숲 속에서 어떤 것을 감상하다가 | 日永空林何所玩 |
| 맑은 못 속에 대나무 그림자 성길 뿐 | 澄潭潭裏竹影踈 |

### ■ 가야산을 노래하다(題伽倻山)

| | |
|---|---|
| 휘늘어진 우뚝솟은 언덕 위에 | 落落巚陵表 |
| 치솟은 바위산 실로 제왕과 같구나 | 巖巖岳王眞 |
| 하늘같은 낭떠러지 짙은 안개속에 있고 | 天涯瘴霧裏 |
| 거쳐서 구경한 이 몇이나 될꼬 | 經幾賞心人 |

### ■ 맑은 밤에 읊음(淸夜吟)

| | |
|---|---|
| 달 밝고 바람이 부는 날 밤 | 月白風淸夜 |

| | |
|---|---|
| 빈집에 홀로 깨어 있는데 | 虛堂獨寤時 |
| 아득히 하늘과 땅 넓기만 한데 | 悠悠天地闊 |
| 어느 곳이 황제의 땅이런가 | 何處是皇畿 |

## ■ 어두워진 다음에 술을 대하며 지은 시 두수(喪明後對酒有感二首)

| | |
|---|---|
| 하늘에게 물어도 하늘은 말하지 않네 | 問天天不語 |
| 어느 곳에 나의 마음을 하소연 하나 | 何處訴中情 |
| 오로지 몇잔 술에 이를 의지하노니 | 惟憑數盃酒 |
| 죽음을 잊고 또 삶도 잊어버린다. | 忘死又忘生 |

| | |
|---|---|
| 이슬 젖은 황국 대울타리 가득하니 | 裏露黃花滿竹籬 |
| 무정한 식물도 때를 아는 구나 | 無情植物亦知時 |
| 늙은이 슬픈 눈물 마를 날 없어 | 衰翁哀淚無時歇 |
| 억지로 술 당겨 마실 뿐 다시 무엇하니오 | 强引淸醪竟何爲 |

## ■ 사미정의 시를 차운하며(次文四美亭 敬忠 韻)

| | |
|---|---|
| 삼공의 자리 사미의 마땅함 바꿀 수 없네 | 不換三公四美宜 |
| 정자 위를 거닐면서 즐긴다. | 逍遙亭上樂天機 |
| 책상 앞에서 시서의 뜻 새기고 | 丌前珍玩詩書味 |
| 창문 밖 산수의 기묘함 구경하네 | 窓外幽觀山水奇 |
| 말 몰아 만호를 후히함 뜻 없을진대 | 無意驅馳萬戶厚 |
| 돌아와 누워 일가를 살찌게 함만 못하네 | 不如歸臥一家肥 |
| 옛 사람 출처의 법도를 | 古人用事行藏道 |
| 이제 물러나 머무는 그대에게서 보겠네 | 今見於翁退在斯 |

## 2. 편지글

수우당은 남명 문하의 대표적 문인으로 당대 선비들과 많은 편지를 주고 받았을 것이다. 덕계 오건을 비롯한 동문들에게 보낸 편지가 있다는 기록들은 있으나, 애석하게도 전하는 것은 거의 없다. 다만 수우당 실기에 실려 전하는 것은 모헌 하혼에게 보낸 편지 3편, 이름을 알 수 없는 사람에게 보낸 편지 2편과 옥중에서 조계 유종지에게 보낸 편지 1편, 역시 옥중에서 손천우, 하항, 박제인, 이정, 신가 등 벗들에게 보낸 편지가 지금 전한다.

### ■ 하혼에게 답하는 글(1581년)

지난해 만난 것은 아득하기가 봄날 꿈 같은데 옛 정의를 잊지 아니하고 멀리서 소식을 주시니 마음에 많은 위안이 됩니다. 정우鄭友의 조상遭喪은 사림의 불행이니 무슨 말을 할 수가 있겠습니까? 매양 한번 나아가 손을 잡고 길이 통곡하고자 하나 병이 들어 찬바람이 두려워 이루지 못하니 죄송할 뿐입니다.

나머지는 날씨가 따뜻해지면 나아가 머물면서 이야기 할 날이 많을 것이니 이만 줄입니다.

삼가 답하는 바입니다.

[答河性源渾 ○ 辛巳至月

昔年淸奉杳如春夢不遺舊義遠貽情問慰感無任鄭友遭喪士
林不幸如何可言每欲一進執手長慟病人畏寒尙未果焉罪負罪
負餘竢日溫委進留叙 多日不宣謹復]

## ■ 하혼에게 답하는 글(1585년)

   삼가 인편에 부친 편지를 받자옵고 깊은 고마움을 느끼면서, 두터운 정을 버리지 아니함에 무어라 감사를 드려야 할지 모르겠습니다.

   나는 초 봄에 자식의 장사를 겨우 마쳤더니 또 아들이 병을 얻어 다행히 죽음은 면했으나 얼굴에 병 기운이 남아 아직도 낫지 아니하였습니다. 이 때문에 두고 떠날 수 없어 이때까지 정우鄭友를 조문하지 못하였으니 이 죄스러운 한이 어떠하겠습니까? 피곤하여 빈 집에 드러누워 있으니 근심스러운 생각들이 끊이지 아니합니다.

   요즘, 아이의 병이 조금 차도가 있는 것 같으니 곧 한번 나아가 그 때에 조용히 이야기 할 수 있을 것입니다. 이만 줄입니다.

[答河性源乙酉五月

謹承專人書問深荷不遺厚意無以爲謝僕春初喪兒葬事纔畢
男息又得疫疾幸而免死而眼病彌留至今未差以此未能捨去尙
今未得一吊鄭友罪恨如何僵臥空堂耿耿一念自不能禁兒病近
若得差 卽當趍晉其時可得從容姑此不宣]

### ■ 하혼에게 답하는 글(1587년)

　병중에 홀연히 정성어린 글을 받으니 위안됨이 매우 지극합니다. 나는 초봄부터 질병에 걸려 지금에 이르도록 차도가 없어 오랫동안 병상에서 신음하고 있으니 오직 이 삶이 가련할 뿐이거늘 다른 일을 어찌 이야기 하겠습니까?
　내년 봄에 만약 다행히 병이 좀 낫는다면 병중에 있는 고모를 뵈오러 가고자 하니 그때 제군들을 두루 찾아 볼 수 있을 것입니다. 그러나 인사를 어찌 반드시 기약하겠습니까? 현기증이 심하여 이만 줄입니다.

　[答河性源丁亥十二月
　病中忽承情字慰感無任僕自春初邁疾至今未差長臥困呻此生可憐他尙何道明春幸若得差欲覲病姑其時可得歷拜諸君然人事何可必也眩甚不 宣]

### ■ 어떤 사람에게 답하는 글(1589년)

　사모함이 지극하던 차에 홀연히 편지를 받드니 한없이 위안이 됩니다. 단지 살펴보건대 연이어 비참한 일을 만났다 하니 놀랍고 슬프기가 한이 없습니다.
　나는 예전의 질병이 날마다 심하여져 오랫동안 병상에 누워 신음하니 다른 일에 어찌 관심이 있겠습니까? 매양 빈 집에 누워 있으면 지난날의 즐거움이 문득문득 떠오르지만 질병은 지루하고 길은 아득함에 어찌하겠습니까?
　옥오玉吾의 일은 다시 무슨 말을 할 수 있겠습니까? 사람들은 실로 애석하게 여기나 갑자기 그 지경에 이른 것은 하늘의 도리이니 어찌겠습니까? 저는 이 벗을 잃은 후부터 마음을 의탁할 곳이 없으니 산 것도 같고 죽은 것도 같으니 무엇을 어찌하겠습니까?

보내준 편지는 참으로 감사합니다. 이 밖의 천만가지 회포는 능히 모두 기록할 수 없습니다. 삼가 감사를 드립니다.

[答或人己丑二月
戀極忽承情問感慰無任但審連遭慘但驚悼罔已僕舊病日深長臥呻吟他何足說每臥空堂昔日開顔耿耿入懷而柰此疾病支離道途不邇何玉吾事夫復何言夫人實可惜而遽爾至此天道如何自失此友心無所托若存若亡奈何所惠深謝深謝自餘 萬懷不能盡草謹謝]

### ■ 어떤 사람에게 준다.

예전의 약속으로 두루 방문하였으나 변고가 있어 만나지 못했으니 어찌겠습니까? 깊이 한스러울 뿐입니다. 편지로 대신하는 것이 오만하고 무정한 사람입니다. 저는 절합니다.

[與或人
歷訪宿約然有故則奈何深恨代書驕傲無情某拜]

### ■ 류종지에게 답함

(당시에 함께 무고를 당해 진양 옥에 갇혔으므로 이와 같이 답함.)

만사는 하늘의 명이 아님이 없습니다. 단지 마땅히 그 바른 길을 따라야 할 것이니 우리들이 평소 글 읽은 것은 바로 이때에 쓰이는 것입니다.

[答柳明仲宗智

時同被誣方逮晉陽獄故答之以此萬事莫非命也但當順受其正吾輩平日讀書正在 此時]

■ 군필·호원·중사·여함·양중에게 줌(옥에 갇혔을 때임)

길가에서 이별한 때가 아득하도다. 옹이 아직도 죽지 않으니 이것도 또한 하늘의 명이로다. 단지 처와 수씨嫂氏가 홀로 사우를 지키고 있음에 사고무친이라, 바라건대 여러분들이 보살펴 주어야 할 것이니 어떠한가

[與君弼浩源仲思汝涵養仲在禁獄中時

路傍一別迨自依依翁尙不死是亦天也但妻與嫂氏獨守祠宇四顧無親幸望僉兄顧護如何]

제11장

# 수우당 행적을 기록한 글

## 1. 행록行錄

양천익梁天翼 지음

선생의 성은 최씨요 휘는 영경이며 자는 효원, 자호는 수우이니 그 선조는 화순인和順人이다. 상조上祖 휘 세기世基는 고려 왕조에서 드러나 당시에 평장사平章事였으며 오산군烏山君에 봉해졌다. 이로부터 대대로 벼슬이 혁혁하여 위인偉人이 태어나니 휘 영유永濡는 벼슬이 해주목사요 시호가 충절忠節이며, 그의 아들 휘 원지元之는 비로소 조선조에 벼슬하여 화순백和順伯에 봉해졌으니 선생의 8대조이다.

이가 휘 자하自河를 낳으니 제용감부정濟用監副正이며, 부정이 휘 안선安善을 낳으니 사복시정司僕寺正이며, 정이 휘 사로士老를 낳으니 성균관成均館 대사성大

司成이다. 대사성 뒤로 휘 한정漢禎은 예조참의로 예조 참판에 추증되었으며, 휘 중홍重洪은 가선대부 전라도 관찰사이며, 휘 훈壎은 중직대부 사헌부 감찰이며, 휘 세준世俊은 봉훈랑 병조좌랑이니 이가 각각 선생의 고조 증조 조고 선고이다.

좌랑공이 찬성인 문정공文貞公 손순효孫舜孝의 아들 현감 준瀋의 여식에게 장가들어 1529년 7월 16에 선생을 한양에서 낳았다.

선생은 태어나면서부터 바탕이 뛰어나 증조부가 매우 사랑하였다. 어릴 때 사람들이 혹 진귀한 과실과 맛있는 음식을 주면 문득 손에 쥐고 먹지 않음에 까닭을 물으니 말하기를 "부모, 조부모에게 드리렵니다"라고 하였으니 이상하게 여기지 않은 이가 없었다. 사기를 읽을 때 맥수가麥穗歌에 이르러 흐느껴 말을 잇지 못하였으니 사람들이 모두 그 비상함을 알았다. 점점 자라서는 입에 비속한 말을 담지 않았으며 걸음걸이는 법도가 있어 엄연히 어른다운 기상이 있었고, 좌랑공이 크게 될 것을 기대하여 양육함에 또한 단정하였다.

선생은 능히 스스로를 삼가고 근면하여 독서를 매우 좋아하였다. 겨우 약관의 나이에 여러번 향시에 올랐으나 대과에 낙제하자, 드디어 자기를 지키고 도를 구하는 것으로 마음을 정하였다. 스스로의 뛰어남을 감추고 교유를 즐기지 않았으며 행동하고 말하는 것을 한결같이 선현으로써 법을 삼았으니 바라봄에 덕이 많은 군자임을 알 수 있었다.

선생의 효도와 우애는 천성에서 우러나와 부모를 섬김에 능히 그 자식의 직분을 다했다. 부친상을 당하여서는 상을 한결같이 옛 법도를 따라 행하였는데 모부인은 선생이 슬픔으로 상심하여 병이 날까 걱정하여 함께 먹지 않았다. 이에 선생이 비로소 미음을 먹었으며 졸곡卒哭까지 밥은 먹었으나 채소와 과일은 들지 않았다. 슬픔으로 훼손되어 거의 상을 이기지 못할 것 같았으되 마침내 삼년상을 다하니 모두 신명이 도운 것이라고 하였다.

모부인이 일찍이 병이 들어 위독해지자 선생이 팔을 찔러 피를 받아 약으로 지어 올리니 소생하였다. 모부인이 돌아가시자 슬픔으로 몸 상함이 예를 넘어 쇠잔한 몸은 거의 상을 온전히 치르지 못할 것 같았으나 오히려 몸소 음식을 올려 제사를 지내고 상복을 한 번도 벗지 않았다. 유회油灰와 석곽石槨을 마련하는데 재물을 다하여 스스로 이룩하였고 장사를 치르고는 묘에 여막을 지어 아침 저녁으로 반드시 성묘를 하였으며 제수를 올림에 반드시 어육을 갖추었다. 하루는 큰비가 내려 길이 막힘에 묘 앞에 엎드려 울부짖음을 그치지 않았더니 호랑이가 산돼지를 물어다가 상석床石에 두고 떠났다. 그 후에 또 노루가 스스로 정원에 뛰어 들었는데 이를 잡아 희생을 마련하였으니, 사람들이 지극한 효성에 감동한 것이라고 여겼다. 삼년상을 마침에 벼슬길에 나아갈 뜻을 끊고 고요히 스스로를 지켜 성현의 학문에 크게 힘을 기울여 현미玄微한 이치를 궁구하고 본원本原을 함양하였으니, 천하만물天下萬物을 바라보되 족히 그 마음을 움직이고 그 지조를 바꾸게 할 것이 없었다.

동생, 누이들과 더불어 재산을 나누어 가질 때 자기의 전답은 척박한 것을 노복은 빈약한 것을 가졌으며, 그 넉넉한가, 궁핍한가를 살펴 많이 줄 것과 적게 줄 것을 정하였으니 동생과 누이들이 감히 한마디의 다른 말이 없었으니 그 성의의 감복시킴이 이와 같았다. 신씨 누이가 일찍 홀로 되어 선생이 부양하기를 늙도록 하였으나 사랑함이 더욱 지극하였으니 그 형제 간 우애의 돈독함도 또한 천성이었다.

행실을 다스림에 지극히 엄격하여 한 치의 소홀함도 없어 늠름히 범할 수 없는 것이 있었으나 대인待人접물接物에는 사기辭氣가 관후寬厚하고 마음을 열어 회포를 털어 놓아 경계를 만들지 않았다. 동지를 만나면 더욱 속마음을 쏟아내고 학문을 강론함에 혹 침식을 잊기도 하였으며, 사람을 성심으로 사랑하여 참으로 밖으로만 꾸며 속이지 않았기 때문에 군자들의 경모敬慕 추중推重함이 깊었다.

사람들에게 또 구차히 부합하지 않았으니, 일찍이 어진 선비 중에 고명高名한 이를 방문하고자 하였는데 그가 임금의 외숙과 더불어 서로 친근함을 알고 드디어 그 교제를 끊기를 마치 장차 자기가 더럽혀질 것 같이 하였으니 이로 말미암아 크게 시류배들의 미워하는 바가 되었다.

1567년에 비로소 남명선생의 문하에 절을 올렸다. 이 해 명종대왕의 국상이 있었기에 죽순으로 소고기 건포를 대신하여 폐백을 올렸는데 남명선생이 한번 보고 훌륭하게 여겨 세상에서 뛰어난 인물이라고 인정하였다. 선생이 남명선생의 문하에 한번 귀의한 후부터는 덕을 경모함이 더욱 깊어졌으니, 매양 가까운 곳으로 집을 옮겨 문하에서 쇄소灑掃를 받들고자 하였으나 병 많은 몸이라 이루지 못했다. 혹 필마로 남하하여 종용從容히 스승을 모시고 어렵고 의문 나는 것을 연구하다가 학문의 가장 요긴한 것이 풀리지 않는 곳을 질문하였다. 그러나 천리 먼 길이라 항상 끊임없이 친히 가르침을 받지 못하는 것을 한탄하였다. 1572년 남명선생이 덕천에서 서거하시어 부음이 서울에 이르자 선생은 곧 분곡奔哭하고 제문을 올렸으며 심상 삼년을 입었다.

이 해에 영남의 선비들이 선생의 행의行誼로 해당 관청에 알려 경주참봉을 제수하였으나 사양하고 나가지 않았다. 1573년에 관직을 높여 주부主簿 등을 제수하였으나 모두 병으로 사양하고 나가지 않았다. 당시 시론時論이 많이 엇갈림으로써 세상의 일에 뜻이 없었으니 고성의 산수가 아름답다는 말을 듣고 자리를 잡아 깊이 숨으려 하였으나 이루지 못하고, 진양에 선인의 옛 토지가 있었기 때문에 장차 돌아가 노년을 보내려 하였다.

1575년에 또 사축司畜으로 부름을 받았으니 선생이 생각하기를 우리 집은 대대로 벼슬하는 집이라 여러 번 임금의 명을 받고 막연히 떠난다는 것은 필경 의에 미안한 일이라 하여 이에 명을 받았으나 곧 사양하고 진양으로 돌아왔다. 소재蘇齋 노선생이 여러 번 편지를 띄워 만류하면서 말하기를 "자기를 고집하면 해가 크다."고 하니 선생이 고하여 말하기를 "벼슬길에 나가는 해도 또한 생각건대 적지 않다."고 하였다.

드디어 진주 도동의 조용하고 시원히 트인 경치를 좋아하여 죽림 중에 집을 짓고 수우당이라 하였다. 당 아래는 매화와 국화 몇 그루를 심어놓고 못가에는 학 한 쌍을 두었다. 좌우의 도서는 엄연하고 높이 드리운 청풍은 쇄연灑然하여 바라봄에 사람으로 하여금 경모함이 일어나게 하였다. 일찍이 대설이 내린 후, 죽림竹林은 모두 땅에 누워 일어나지 못하나 창송蒼松은 유독 우뚝히 서 굽히지 않는 것을 보고 탄식하여 말하기를 "참으로 세한歲寒 연후에 송백의松栢 곧음을 알 수 있거니와 저 대나무는 위기에 다다라 모두 쓰러지니 족히 볼 것이 못된다."고 하였음에 그 곧은 지조를 어찌 위협으로 능히 굽힐 수 있겠는가?

당시의 명현名賢중 한강 동강 덕계 각재 황암 대소헌과 같은 여러 선생은 서로 밀추어 허여하였고, 하사간 진보, 송신연 사이, 이운당 염, 유조계 종지, 이죽각 광우와 같은 이는 함께 도의의 교분을 맺었으며, 이설학 대기, 하송정 수일은 문하에서 빗자루를 잡았으니, 당시 서로 도와 학문에 힘쓰는 즐거움과 가르침이 어떠하였겠는가? 나아가는 바는 더욱 깊고 기르는 바는 더욱 두터워 속세 먼지에서 벗어나고 명리를 초월함에 그 도의의 묘미를 즐기고 우뚝 티끌 밖에 홀로 서서 진실로 세상을 피하여 뺏을 수 없는 뜻을 가졌다.

1576년에 선생은 하각재 하무성 등 제현諸賢과 더불어 남명선생 사우를 진주 덕천동에 창건하였으니 덕천은 대개 조선생이 예전에 살았던 곳이다. 선생이 몸소 다스려 비록 돌 한 조각, 기와 하나도 점검하지 않음이 없어 정제整齊에 힘을 기울였다. 또 시냇가에 창송 백여본을 심었는데 시내 가까운 한 그루는 선생이 손수 심었기 때문에 지금도 수우송이라 칭한다.

1577년에 아들 홍렴弘濂이 요사夭死하니 상여를 양주로 운반하여 좌랑공 묘 아래에 빈소를 차렸다. 이때에 정여립이 이발이 찾아와 조문하였는데, 선생이 여립을 한번 보고 이발 등에게 일러 말하기를 "그의 사람이 교활하고 윗사람을 멸시하니 반드시 아비와 임금을 모르는 자이라 조심하여 이후로 가까이 말라."고 하였다.

이미 아들을 잃음에 더욱 세상과 뜻을 끊고 오로지 도의 자취를 정미精昧하여 산림을 나오지 않았으나 명망이 당세에 무거워져 임금의 명으로 순행하는 자나 주목州牧으로 부임하는 자들은 반드시 선물을 올렸다. 혹 먼저 명함을 내미는 자가 있어도 참으로 올바른 사람이 아니면 접하기를 꺼려하였으니 시배들은 이로써 더욱 미워하였다.

1581년에 지평으로 부름을 받았으나 선생이 소를 올려 사양하였다. 그 소에 대략 이르기를 "당금當今에 국시國是는 지켜지지 않고 공론公論은 행해지지 않으니 붕당이 악풍을 일으켜 기강이 날로 떨어집니다. 이것은 참으로 나라의 성쇠 안위安危가 매인 때이니 성명聖明으로 이를 밝히고 위엄으로 이를 진무鎭撫하사 편당偏黨의 무리로 하여금 그 심중의 흉계를 펴지 못하게 하소서."라고 하였다. 그 후 다시 지평을 제수하였으나 나아가지 않았다.

1584년에 서애 류선생이 영남 도백으로 관내를 순행하다가 진주에 이르러 도동으로 선생을 방문하였는데 선생이 흔연히 나와 맞이하여 술자리를 마련하고 다정하게 담소하더니 술기운이 올라 이야기가 당세사當世事에 이르자 풍치風致가 엄숙하여 자기도 모르게 사람을 놀라게 했다.

1587년에 한강 정 선생이 함안 군수로서 내방하였으니 다음해 2월 선생이 고마움으로 한강을 답방하였다. 한강은 그때 백매원百梅園을 가졌는데 마침 매화가 활짝 피워 좌중의 모든 사람들이 감탄하여 구경하였다. 선생이 동자를 불러 도끼를 가져오게 하여 그로 하여금 모두 베어버리라고 하니 좌우가 모두 만류하거늘, 선생이 이에 매화에게 경계하여 말하기를 "너를 귀하게 여기는 것은 다만 백설이 가득한 깊은 골짜기에서 절조를 자랑할 수 있기 때문이다. 이제 복숭아 꽃으로 더불어 봄을 다투니 너의 죄는 마땅히 참벌해야 할 것이나 만류함이 있기에 그만두니 마땅히 경계함을 알아야 할 것이다."라고 하였다. 1589년에 정여립의 역옥이 일어나니 사람들은 매화를 경계시킨 것은 이 일을 미리 예언한 것이라 하였다.

1590년에 선생이 삼봉三峯이라는 무고를 당하여 진주옥에 갇혔다. 금오랑金吾郞이 도착하여 그 목에 씌운 칼을 벗겨주려 하였으나 선생이 두 번 절하고 말하기를 "임금의 명이라 벗을 수 없다."고 하였으니 사졸들이 눈물을 흘리지 않는 이가 없었다. 왕옥에 이르러서는 매일 반드시 대궐을 향해 좌정하여 조금도 변함이 없었다. 단정히 앉아 팔짱을 끼고 자득하기를 마치 평일 같아 조금도 낌새를 얼굴에 나타내지 않았다. 하루는 종이를 찾아 함께 갇힌 수인 박사길朴士吉로 하여금 이를 잡게 하고는 스스로 명정을 「수우당 주인지구守愚堂主人之柩」라 쓰고 인하여 말하기를 "평생에 단지 이 호만이 가졌음을 또한 밝힌 것이다."

역적 집안의 노복을 심문함에 그 노복이 공초에 이르기를 "삼봉이라는 자가 내왕하였는데 머리가 반백인 것 같았습니다."라고 하였다. 위관委官이 이에 선생으로 하여금 세 번 의복을 갈아입게 하고 여러 수인들 사이에 두었으나 역노가 결국 분별하지 못했다. 어떤 이가 선생을 해하고자 하여 말하기를 "그 흰머리를 뽑지 않았을까?"하였는데 선생이 빙긋 웃으면서 "어제 저녁에 이 말을 들었으니 비록 뽑고자 하여도 밤중에 어찌 할 것이며 또 누가 뽑아 줄 것인가?"하고 말하였으니 끝까지 두려워하거나 다행하게 여기는 빛이 없었다.

선생의 가노家奴 약간 명이 장차 심문을 받으려 함에 좌우의 사람들이 그 공사供辭를 어떻게 말하라고 가르쳐 줄 것을 선생에게 권했다. 선생이 말하기를 "그들은 마땅히 스스로 할 말을 할 것이니 내가 무엇을 관여할 것인가?"하고 끝내 가까이 하지 않았으니 그 평소에 보고 감화 받은 것이 화복으로도 능히 빼앗을 수 없는 것임에야 어찌 그들로 하여금 살가죽이 벗기게 했을 뿐이겠는가?

선생이 일찍이 다른 사람의 편지 말미를 빌어서 여립에게 소식을 물은 적이 있었는데 이 편지가 국청鞫廳에 들어오자 위관이 기뻐하였다. 백사白沙 이 상국相國이 옥외를 돌면서 "최모는 남의 편지 말미를 빌은 적이 있으니 어찌 죽음을 면할 것인가?"하였다. 이에 선생이 비로소 깨달아 공사를 올려 사실을 말하기를 "신과 역적이 알지 못하고 교제하지 않았다는 것은 국인이 모두 아는 바입니다. 어찌 스스로 명변할 필요가 있겠습니까? 1577년에 자식을 잃어 상여를 끌고 서울로 왔는데 역적이 이발로 인하여 찾아와 조문하는 가운데 단 한번 보았습니다. 비록 그 사람됨을 상세하게는 알지 못하나 대저 교만하여 윗사람을 멸시하니 아비와 임금을 모르는 자이라. 그러므로 안민학, 이발 등에게 경계하여 친하게 지내지 말라 하였는데 어찌 이로 더불어 사귐을 두터이 할 이유가 있겠습니까? 그 후로 다시 상견하지 않았습니다. 홀연히 한번 만난 것을 만약 곧게 아뢰지 않는다면 사람들은 알지 못할 것이나 어찌 감히 일신의 생사 때문에 성총을 속이겠습니까? 과연 서로 교제하였다면 역적의 간찰 중에 또한 어찌 한통의 편지도 없겠습니까? 휴지 중 남의 편지 말미를 빌어서 안부를 물은 일에 이르러서는 자식을 잃은 후 정신이 혼미하여 이제야 비로소 깨달았습니다만 수자의 안부 편지가 무슨 연관이 있어서 감히 숨기겠습니까? 밤중에 찾아와 조문한 것을 오히려 곧게 아룀에 그 정상은 이를 근거하여 미루어 볼 수 있을 것입니다.

 삼봉의 이야기는 더욱 이치에 없는 말입니다. 무릇 사람들이 스스로를 호를 지을 때에 반드시 평생의 공부로서 하거나 혹 거처하는 산천의 이름으로서 하는데 신이 거처하는 곳은 습지의 택반澤畔이거늘 하물며

삼봉은 간신 정도전의 호입니다. 신이 어찌 감히 간신의 호를 답습하여 스스로를 더럽히겠습니까? 신은 일찍이 학자가 능히 스스로 겸양하지 못하고 스스로를 지키지 않아 몸을 망치고 덕을 무너뜨리는 자가 많은 것을 근심하였기 때문에 별사別舍를 지어 수우로서 편액을 달았으니 어찌 다시 다른 호를 쓰겠습니까?

엎드려 보건대 간흉의 무리가 비단에 무늬를 놓듯 참언을 꾸며 거리에 방을 붙이고 혹 무고하여 소를 올려 마침내 사람을 부추겨 형체도 없고 그림자도 없는 일들을 어지럽게 지어내니 반드시 이를 죽인 후에나 그만 두려 할 것입니다. 신은 보잘 것 없는 일개 외로운 몸이라 어찌 스스로 명변하겠습니까? 믿는 것은 오직 하늘 뿐입니다."라고 하였다.

임금이 그 원통함을 살펴 특별히 석방할 것을 명하였다. 선생이 명을 듣고 눈물을 흘리며 말하기를 "태양이 두루 비춤에 은혜를 받음이 망극하나 그러나 다만 생각건대 나의 아우가 먼저 죽어 유독 이 은혜를 무릅쓰지 못하였다. 나의 아우 또한 무슨 죄가 있는가? 나로 인하여 잡혀와 나로 인하여 죽었으니 길이 통곡할 일이다." 하니 듣는 이가 슬퍼하였다.

선생이 이미 풀려남에 기식氣息이 쇠진하여 능히 말을 하지 못하더니 손으로 가마채를 두드리면서 서쪽을 가리켰다. 은명恩命을 광화문 밖에서 감사드리고 고모 집으로 돌아오니 한 명사名士가 그 자제로 하여금 쌀 한말을 보내면서 시골로 돌아갈 때 노자로 쓰라 하였다. 인하여 "어찌 미움을 받음이 이 지경에 이르렀습니까" 하니 선생이 천천히 말하기를 "네 아비에게서 미움을 받았다."고 하였다. 다음날 헌부憲府에서 계啓를 올려 재국再鞫을 청하며 말하기를 "단서가 이미 드러났으니 참으로 삼봉인 것 같습니다." 하였다. 선생이 다시 갇힘에 이르러 위관이 옥졸로 하여금 선생을 끌고 다니며 훼상을 입히라 하였다. 온갖 곤욕을 당하여도 선생은 공사에 조금도 변함이 없이 시종을 뚜렷이 밝혔다.

당시 옥사에 연루되어 조대소 종도, 유조계 종지같은 이도 함께 붙잡혔는데 종지는 진주옥에 갇혀 있었다. 선생이 일찍이 그 편지에 답하여 이르기를 "만사는 명이 아님이 없습니다. 단지 그 정도를 따를 뿐이니 우리들이 평소 독서를 한 것은 바로 이때에 쓰이는 것입니다." 하였다. 선생이 대소와 함께 옥에 구금되었을 때 선생은 엄숙히 자기를 지켜 떳떳한 도리를 잃지 않았으며 대소헌은 농담과 웃음으로 그 언모言貌가 태연하였으니 옥중의 이야기에 "최사축의 질타와 조금구金溝의 해소諧笑는 그 뜻을 잡아 지킴이 건고하지 않다면 능히 이와 같겠는가." 하였다.

이 옥사의 초국初鞫에 서애 류선생이 철澈을 궐하闕下에서 만나 옥사를 물어보고 인하여 "모는 고사高士로 명망이 두터우니 상세하게 살피지 않을 수 없을 것이오."라고 말하자 철이 노기를 띠며 자못 선생의 말을 한하였다. 서애가 이치를 근거하여 논변함에 철이 말하기를 "공이 이미 이런 생각을 가지고 있으면서 어찌하여 주상에게 말하지 않소?" 하였다. 서애가 말하기를 "이는 대옥사이라 외부인이 감히 말할 것이 아니며, 오직 옥사를 맡은 사람만이 이에 다스릴 수 있을 뿐이요." 하였다.

수일 후에 석방되었으나 얼마 되지 않아 다시 수감되었다. 선생은 일찍이 폐경반을 앓고 있었는데 이에 이르러 병세가 위독하게 되었다. 위관이 의원을 보내어 진찰하게 하였다. 최후로 또 대은의관帶銀醫官으로 하여금 진찰하게 함이 매우 간절했으나 선생은 팔을 움츠리고 말하기를 "이 병은 위관이 다스릴 바가 아니다."라고 하면서 끝내 허락하지 않았다. 주상이 선생의 병세가 위독하다는 말을 듣고 주형랑主刑郎을 파직할 것을 명했기 때문에 이 일이 드러난 것이다.

하루는 선생이 서애에게 약을 구하였는데 서애가 약을 조제하여 보내고, 소를 올려 그 원통함을 펴고자 하였으나 소를 이미 지어놓고 다시 생각해 보니 무익할 뿐만 아니라 도리어 그 화를 무겁게 할 것 같아 올리지 않았다.

이 때에 호남인 임질이 함께 갇혀 있으면서 일찍이 몸을 지키는 요점을 물었으니 선생이 "자가 무엇이냐?"고 물었다. "자정입니다." 하니 선생이 말하기를

"이 일자면 족하니 종신토록 염두에 두어야 할 것이다." 하였다.

하루는 선생이 신기가 불평하여 문득 사인의 무릎을 베고 누웠다. 곁에 있던 사람들이 선생의 행동이 평소와 다름을 이상하게 여겨 그 정신을 시험하고자 글한자를 써 줄 것을 청했다. 선생이 천천히 일어나 크게 정자正字를 썼으나 필획이 이미 전일과 같지 않았다. 선생이 사인을 돌아보며 "이 글자를 알아보겠는가 그렇지 않는가?" 하고 물어보고는 조금 후 옥중에서 서거하시니 이날이 곧 9월 28일이었으며 향년 62세였다. 양주楊州 서쪽 신혈리 목암동 모향지원某向之原에 장사 지내다.

1591년 홍여순이 대사헌으로 선생의 원통함을 논계論啓함에 임금이 특별히 억울함을 풀어 치욕을 씻을 것을 명하고 가선대부 사헌부 대사헌으로 추증하였으며 예관을 보내어 제문을 내렸다. 인하여 그 처자를 구휼하였다.

1594년 동강 김선생이 대사헌이 되고 이개李𥳑가 대사간, 김륵金玏이 부제학이 되어 삼사三司가 합하여 정철의 관직을 추삭追削할 것을 논계論啓하였다. 이에 또 예관을 보내어 제문을 내렸다.

1611년 완평完平 이상국 원익과 영창군 유의柳儀 영중추부사 임취정任就正 등이 후사를 세울 것을 청하는 계啓를 올림에 선생의 육촌 아우 윤경胤慶의 아들 홍서

弘緖로서 뒤를 이으라는 윤허가 있었다.

1612년 진사 하증 등 삼백여인이 소를 올려 덕천서원에 배향할 것을 윤허하였다.

오호라! 하늘과 땅의 순수하고 바른 기운은 떳떳하여 오랜 세월이 지지도 변치 않는다. 성세라 하여 더욱 두터워지는 것이 아니요, 말세라 하여 감소되는 것도 아니다. 이 기운을 모아 능히 양 세간에 우뚝 선 이가 고금에 무릇 몇 사람이나 될까?

우리 선생의 태어남이 비록 말세이기는 하나 순수하고 바른 이 기운을 온전히 얻었음에 두 눈은 영롱하여 거울과 같았고 반듯한 얼굴은 깨끗하여 옥과 같았으며 수염은 수백여 가닥에 길이가 육칠촌이나 되었으니 용모를 갖추어 단정히 앉아 있을 때에는 사람들이 감히 쳐다 볼 수도 없었으나 그 온아한 언론에 이르러서는 화기가 가득하여 일견에 그 절세이인임을 알 수 있었다.

남명 조 선생같은 분도 선생을 세상에서 뛰어난 인물이라 인정하였고, 학봉 김선생은 절의에 따라 죽을 사람이라고 칭찬하였으며, 오 덕계는 세상에 드문 호걸이라 하였으며, 김성암은 태산을 요동시키기는 쉬우나 우리 최장崔丈을 움직이기는 어렵다고 하였다. 일세一世의 명현들과 달사達士들이 추중推重하는 바가 이와 같았음에 선생이 하늘에서 받은 자질은 대개 그 정대엄중正大嚴重하여 한 점의 티끌도 없는 것을 상상

할 수 있다.

유현儒賢들의 문자와 가승家乘에서 잡출雜出한 것을 개괄해 보건대 어려서 별난 음식을 보면 반드시 그 효도를 생각하였고, 팔뚝을 찔러 받은 피로 약을 지음에 반드시 그 정성을 이루었으며, 살아계실 때의 봉양과 돌아가신 후 제사에 모두 그 예를 다했다.

좌랑공이 임종에 홍시를 찾았으나 때가 6월이라 올리지 못했으며 선대부인이 병상에 있을 때 또한 암꿩고기를 올리지 못했기 때문에 종신토록 차마 홍시와 꿩를 먹지 아니했다. 매양 기일忌日이 돌아오면 제기를 반드시 친히 씻었고 제수를 몸소 다스렸으며 읍하고 재계齋戒하여 마치 살아계실 때와 같은 정성을 이루었다. 범이 스스로 산돼지를 드리고 노루가 스스로 정원에 들어오니 그 효성의 지극함이 비록 옛날 잉어가 얼음 속에서 튀어나오고 참새가 장막으로 날아들었던 일에도 또한 지나치게 사양할 것이 아니다. 이와 같은 것들이 선생의 효도인 것이다.

재산을 나누어 가지되 스스로의 전답은 척박한 것을, 노비는 약한 것을 가졌고 일찍 홀로된 신씨 누이를 부양하되 더욱 권애眷愛하였다. 아우 신령공新寧公이 관직에 있을 때 끊임없이 충군 애민으로 경계하였을 때 임금이 칭찬하기를 주고 받은 편지는 모두 우애가 간절한 가르침이다 라고 하였으니 이것이 선생의 우애이다.

윤 해평 근수가 말하기를 "효우가 출천出天하여 고인古人에 부끄러움이 없다."고 하였으며 박대암 성이 이르기를 "모某의 효우로도 그 역당을 과연하였겠습니까?"하였으니 선생의 효우의 돈독함을 여기에서 대개 볼 수 있다.

소학을 독신하였고 근사록을 존상하였으며 더욱 사서육경을 매우 긴요하게 여겨 전심하였으니 꼼짝없이 앉아 해를 넘기며 고요히 마음을 가라 앉혀 홀로 그 사람을 맛보지 못한 것을 음미하고 깊이 그 사람이 찾기 어려운 것을 궁구하였다. 기한飢寒으로도 그 즐거움을 바꾸지 않았으며 한 순간이라도 그 공부를 쉬지 않았다. 책을 봄에 또한 일자도 그냥 지나치지 않았고 일상의 이야기 중에서라도 자기에게 간절한 것을 만나면 반드시 체득하여 깊이 음미하였다. 귀로 듣고 입으로 내뱉기만 하면서 실천에 힘쓰지 않는 자를 보면 반드시 말하기를 "나는 그 겉으로만 따르고 스스로를 속이는 것을 싫어한다."고 하였다. 문장을 논함에 박식하게 하고자 아니했으며 이치를 논함에 통달하고자 않았으니 항상 불학不學·무문無文이라 하면서 스스로 겸손하였다. 배우는 이에게는 반드시 말하기를 "나는 의리의 학문을 능히 실천하지 못하나 다만 지나간 말과 행동을 살펴서 사양하고 수용하며 취하고 줌에 구차스럽지 않고자 할 뿐이다."하였다. 또한 문장을 짓는 것을 일삼지 않았으니 다만 말이 간략하면서도 이치가 갖추어짐을 구했다. 말하기를 "어찌 반드시 문을 꾸미고 사를 숭상하여 스스로 상채上蔡의 앵무새 기롱을 취하리요?" 하였다. 이것이 선생의 학문이다.

어려서는 걸음걸이에 법도가 있었으며 자라서는 한결같이 법도를 따랐다. 몸을 지킴이 준엄하여 우뚝 높이 서 언소言笑를 함부로 하지 않았고 교유를 즐기지 않았다. 그 의로운 것이 아니면 지푸라기 하나도 구차하게 취하지 않았으며, 그 올바른 사람이 아니면 아무리 귀한 자리라도 나아가지 않았다. 집이 매우 가난하였으나 오히려 편안하였으니 어떤 이가 포구에 둑을 쌓아 생계를 도모하고자 권함에 말하기를 "순순히 받을 뿐이니 나의 분수에 있는 일이 아니다." 라고 하였다.

오직 일시의 명현으로 더불어 도의를 숭상하였으니 갈고 닦은 학문이 더욱 정묘하였고 정기正氣가 닿으면 앓던 이가 나았으며, 고풍이 엄습함에 옥졸들이 감복하였다. 백사 이상국이 칭탄하기를 이 노인을 알지 못했다면 억울한 일생이 될 뻔했다 하였으며, 이상국 헌국憲國은 그 국정鞠庭에 들어오는 것을 보고 자기도 모르게 상을 내려섰다고 하였으니, 이것이 선생의 수도守道이다.

성대곡 시에 이르기를 "마음은 가을 달 못에 비춰듯 밝다."고 하였고 박대암 시에 이르기를 "큰 도량은 가을 하늘 백척누각."이라 하였으며 민행촌이 말하기를 "가슴속이 깨끗해 항상 즐겁게 생활했다"하였으며 하진사 증의 소에 "실천 학문은 신명에도 물을 수 있는 것이다."라고 하였으니 선생 학문의 심오함과 도의 道義의 정도를 이에서 상상해 볼 수 있다.

오호라! 선생의 자질이 이미 고상하고 효우가 이미 융성하며 학문이 심오하고 도의가 이미 정도하였으니 하늘이 이미 선생을 태어나게 한 것은 우연한 일이 아니로되 하늘이 어찌하여 그 사이에 재앙과 변괴를 내려 위로는 그 학문을 당세에 펴지 못하게 하였으며 아래로는 그 원통함을 천세토록 면하지 못하게 하였는가? 이것은 곧 시운과 나라의 액운에 관계된 것이니 하늘도 또한 어쩔 수 없는 것인가? 비록 그러하나 일시의 화복영욕禍福榮辱이 선생에게 무엇이던가? 그 자기를 지킴이 바르고 자기를 믿음이 돈독하여 위세를 두려워하지 않고 이익에 굴하지 않았다.

의관醫官의 진문에 팔을 움츠렸고 스스로 그 수우의 명정을 썼으며, 임종의 정자正字하나는 이미 삶을 다르고 죽음에 편안한 정도에 나아간 것이라 하늘을 우러러 부끄럽지 않은 것이며, 사람을 굽어보아 부끄럽지 않은 것이다. 이백사가 이른바 "사생을 도외시한 분."이라고 하였으니 그 또한 선생을 아는 사람이었다.

오호라! 인심과 하늘은 참으로 속이기 어려우니 공론의 올바름을 어찌 백년이나 기다리겠는가? 성심이 두루 비추어 찬란한 은혜 망극하여 서둘러 신설伸雪을 윤허하시고 포증褒贈을 더함에 일월의 광명과 같고 다시 음사함을 밝혀서 의리의 학문이 국시를 정하는데 더욱 빛나게 하였으니 선생의 민멸하지 않을 영령英靈은 거의 조금 위안이 될 것이요 유풍여운遺風餘韻은 오히려 늠름히 백세 후에도 힘입을 것이다. 저 소인들 중에 독을 피운 자들은 혼 또한 지하의 형벌에서 피하지 못할 것이니 돌아보건대 선생에게 무슨 훼손이 있겠는가?

선생의 부인은 화암부수花巖副守 이억세李億歲의 따님이니 즉 공정대왕恭靖大王의 5세손이다. 유순하고 숙신淑愼하여 부덕婦德이 있었다. 선생과 더불어 무덤이 같이 있다.

아들 홍서弘緖는 감찰이었으니 임경연任慶衍의 따님에게 장가들어 사남일녀를 낳았다. 남은 혜譓 의誼 량諒 원諹이며, 여식은 사인士人 강문재姜文載에게 시집 갔으나 자식이 없었다.

혜는 찰방 정흥업鄭興業의 여식에게 장가들어 일남삼녀를 낳았으니 남은 정기廷夔이요 여식은 사인 한익형韓益亨 정내형鄭來亨 하온河穩에게 시집갔다. 의는 윤박尹璞의 여식에게 장가들어 일녀를 낳았으니 사인 허해許鍇에게 시집갔다. 량은 감찰 강응황姜應璜의 여식에게 장가들어 일남을 나았으니 정석廷奭이다. 원은 찰방 하정河珽의 여식에게 장가들어 일남일녀를 낳았으니 남은 정윤廷尹이요 여식은 생원 양천익梁天翼에게 시집갔다.

정기는 이중광李重光의 여식에게 장가들어 일남을 낳았으니 기중器重이다. 정석은 성도하成道夏의 여식에게 장가들어 일남삼녀를 낳았으니 남은 임중任重이요 일녀는 사인 조재趙梓에게 시집갔으며 나머지는 어리다. 정윤은 이상직李尙直의 여식에게 장가들어 일남일녀를 낳았으니 남은 태중泰重이요 여는 사인 신창기愼昌基에게 시집갔고 내외손이 약간 있다.

오호라 선생이 세상을 떠난 지 지금 백 여년이 되었다. 그 평생의 지언至言과 의훈懿訓 중 후학들에게 도움을 줄 수 있는 것이 어찌 적었으리오마는 난리에 모두 사라져 남은 것이 거의 없으며, 지행에 관한 서술도 시세의 두려움으로 붓끝이 닿지 않았으니 유범여렬遺範餘烈이 거의 사라져 징험할 수 없게 되었다. 당시의 사적 중 사람들의 이목에 남아 있는 것도 또한 점점 추술追述할 수 없게 됨에 어지 더욱 후학들의 길이 통곡할 일이 아닌가?

선생의 후손 정석이 가승 일편一編을 가지고 와 눈물을 흘리며 천익에게 말하기를 "이 세상을 돌아보건대 또한 우리 선조를 위하여 붓을 잡을 사람이 없는 것은 아니나 우리 선조를 아는 사람은 공보다 나은 이가 없다"면서 재삼 간청하였다. 천익이 그 사람이 아니라는 것으로 사양하였으나 최군이 다시 여러 동현의 문자를 모아 청함이 더욱 간절하였으니 그 효성이 또한 가상하였다. 이에 사양할 수 없어 삼가 그 세손의 내려옴을 서술하고 여러 명현이 미루어 허여한 바를 참고하여 이를 쓰니 감히 행장이라고 할 수 없다. 애오라지 문장의 이치를 아는 군자가 채택할 것을 갖추었을 뿐이다. 참람한 죄를 어찌 피할 것인가?

숭정 갑신후 경신년 정월일(1700년)에
후학後學 용성龍城 양천익梁天翼 근장謹狀

## 2. 수우당 선생 최공 행장守愚堂先生崔公行狀
### 갈암葛庵 이현일李玄逸 지음

공의 이름은 영경永慶이며 자는 효원孝元이고 본관은 화순和順이다. 고려 때의 시중侍中 문성공文成公 최아崔阿의 후손으로 통정대부 대사성을 지낸 최사로崔士老라는 사람이 있었는데 공의 5대 조부이다. 고조부는 이름이 한정漢禎인데 통정대부 예조 참의로 가선대부 참판 겸 동지의금부사를 증직하였고, 증조부의 이름은 중홍重弘으로 증 참판 행 전라도관찰사였으며, 증조모는 현풍玄風 곽郭씨이다. 조부의 이름은 훈壎으로 언양 현감彦陽縣監이었으며 조모는 진주 강씨이다. 아버지의 이름은 세준世俊으로 병조 좌랑이었으며, 어머니는 평해平海 손孫씨인데 찬성 문정공文貞公 손순효孫舜孝의 손녀이며 현감 손준孫濬의 딸이다. 공은 1529년 7월 16일에 태어났다. 공은 날 때부터 성질이 일반 사람과 다른 데가 있어 조부 관찰공이 지극히 사랑하였다. 어렸을 때에 남의 집에서 진귀한 과실이나 맛있는 음식을 얻으면 문득 입에 넣지 않았는데 물어보면, "부모님과 조부님께 갖다 드리려고 생각한다." 하였다 '사기史記'를 읽다가 맥수가麥秀歌에 이르러서는 목이 매어 소리를 내지 못하니 사람들이 평범한 아이가 아닌 것을 알았다.

조금 성장하니 입에서 상스런 말이 없어졌고 걸음걸이도 법도가 있어 엄연히 학자의 기풍이 있었다. 아버지 좌랑공이 장차 큰 그릇이 될 것으로 기대하고 기르는 데도 역시 단정하게 하여, 노는 데도 부인들을 가까이 하지 못하게 하고 더러운 일도 못하게 하였다. 나이 20세가 못되어 독서를 매우 즐겼으나 이웃 사람들도 몰랐으며 약관 때에 여러 번 초시에 합격하였으나 과거에는 낙방하였다. 아버지 좌랑공이 사망하니 공은 상례를 한결같이 옛날 예법에 따라 거행하였으며, 공의 어머니는 몸을 해쳐 병이 될까 두려워하여 함께 단식하면서 미음을 권하니 졸곡을 마친 뒤에야 비로소 밥을 먹었다. 탈상하자 집은 가난하고 어머니는 늙으므로 과거 공부에 힘썼으나 이는 본의가 아니었다. 어머니가 낙상落傷을 하여 병이 위독하니 팔을 찔러 약에다 피를 섞어 드리니 소생하였는데, 그 후에 상을 당하니 슬퍼하는데 지쳐 몸을 가누지 못하였는데도 오히려 손수 준구奠具를 잡았고, 장사에서는 가산을 털어 유회油灰를 구비하여 석곽을 마련하되 기어이 스스로의 힘으로 마련하고 그 나머지 일은 계산하지 않았다. 3년 동안 여막에서 시묘하면서, 아침 저녁의 제식에는 반드시 생선과 고기를 갖추어 올렸는데 하루는 큰 비가 내려 시장과의 길이 통하지 않아 묘 앞에서 울고 있으니 호랑이가 산돼지를 물고와 서 상석床石 위에 놓았고, 진주에 와서는 제사는 닥쳐오는데 제전에 쓸 고기가 없어 종일토록 한탄하고 있으니 노루가 동산 안으로 들어왔다. 사람들이 말하기를, "얼음 속에서 잉어가 뛰어 나왔고, 장막 속으로 새가 날아드는 효성에 감동한 것이다." 하였다. 형제가 혼인을 마치고 유산을 분배할 때에 논이 척박한 것은 자기가 가지고 또 균일하게 하지 않고 각자의 처지에 따라 다소를 계산하니 감히 한 마디도 이의를 제기하는 자가 없었다. 그 성의가 사람과 신을 감동케 하는 것이 이러하였다.

온 마을 사람들이 그 행동에 감복하여 해당 관서에 아뢰어서 경주 참봉慶州參奉을 제수하였으나 부임하지 않았고, 주부로 승진시켰으나 또 부임하지 않았다. 잇달아 수령·도사·좌랑·장원 등의 벼슬을 제수하였으나 모두 부임하지 않았다. 집안에 양식이 자주 떨어져 간혹 불을 지피지 않을 때가 있으므로 혹자는 권하기를, "협심하여 개포浦의 둑을 쌓아 생계를 도모하는 것도 무방하다." 하였으나, 물리치면서 말하기를, "가난하고 부자는 미리 정해 있는 것이니, 가난한 것은 나의 분수이다." 하였다. 몸을 가릴 온전한 옷이 없어 추위가 살갖과 뼈를 찌르고, 출입할 때에는 친구 것을 빌려 입기도 하되 개의치 않으며 구학溝壑에 있다는 것을 잊지 않으니 그 뜻은 빼앗을 수가 없었다. 사인舍人 오건吳健이 전랑 때에 김효원金孝元에게 말하기를, "건이 이부吏部에 수년 동안 있었으나 사람을 얻지 못하였는데 지금 세상에 뛰어난 인물이 있더라." 하니, 김효원이 곧 대답하기를, "틀림없이 우리 최 선생이다. 산을 흔들기는 쉬워도 최 선생님을 흔들기 어려울텐데, 공이 기용할 수 있겠는가." 하였고, 행촌幸村 민순閔純도 칭찬하여 말하기를, "기한飢寒이 뼈에 스며들어도 오히려 태연하고, 흉금이 쇄락洒落하여 항상 즐거워하니 이는 안빈락도安貧樂道하는 자가 아니면 할 수 없는 것이다." 하여, 언제나 존경하는 벗이라고 불렀고, 공이 사망한 후에는 공의 문하생 중에서 공에게 매우 거만한 언사로 말하는 자가 있으면 끊어 버렸다. 철원鐵原에 산수가 아름다운 곳이 있어 그곳에서 살고자 하였으나 이루지 못하고 진양에 선대의 옛집이 있어서 장차 늙으려 하는데 마침 사축司畜을 제수하니, "우리 집은 세신世臣인데 지금 또 은혜로운 명을 받았으니 끝내 멀리 떠나면 의義에 온당치 못하다." 하고, 마침내 명을 받들었다.

    장차 남쪽으로 내려가려 하는데 노수신盧守愼 공은 친척이며 또 친구로서 여러 번 만류하였으나 듣지 않으니 글을 보내어, "고집하는 병이 대단하다." 하자, 답서에 말하기를, "통하는 해害도 적지 않다." 하였다. 진양에 이르러 몇 명의 동지들과 더불어 덕산동德山洞에 남명 조식 선생의 서원을 세우고, 진주읍 근처에 유거幽居하였다. 부정不逞한 무리들이 있는 힘을 다하여 모함과 비방을 하였으나 끝내 확고히 움직이지 않고 오랜만에 안정되었다. 공이 처음으로 남명 선생을 뵐 때는 국상國喪 중인데 피리箏를 올려 폐백을 하니 선생이 한 번 보고 기이하게 여겨 세상에 뛰어난 인물이 될 것이라고 허장許獎하였다. 홍염弘濂이라고 하는 아들 하나가 있었는데, 일찍 죽으니 마음이 상하고 아파서 식사를 못하고 오직 술로 자신을 억제하며 세상일에 생각이 없었다. 공의 성품은 엄정하고 욕심이 적었으며 악을 미워하여 조금도 용서치 않았고 사람을 사랑하고 어진 이를 좋아하는 것이 또한 공의 천성이었다. 아무리 고관일지라도 탐오한 행동이 있는 자는 비록 만나자고 청해도 피했고 만약 시세에 붙어 아부하는 사람이 있으면 진흙 묻은 도야지처럼 보았다. 한성漢城에 있을 때에 성혼成渾과 친교가 있었는데 성혼이 파산坡山에서 서울로 왔으므로 그를 방문하고자 가다가 길에서 성혼의 집에서 나온 친구를 만났는데, "방금 성혼의 집을 방문하였더니, 성혼이 심의겸沈義謙과 이야기하면서 문을 닫고 찾아오는 손님을 받아들이지 않아서 만나지 못했다." 하니, 공은 그대로 돌아서고 다시 가지 않았는데, 며칠이 못 되어 온 성안의 선비들이 모르는 자가 없게 되어 이로써 공의 명성은 더욱 높아졌고 성혼의 무리들은 깊이 미워하였다.

안민학安敏學 형제가 서로 싸워 얼마 있다가 죄를 얻게 되자 안민학이 공을 찾아왔는데 그 언론이 매우 강직하므로 공은 그 일을 수습하고자 하여 형을 섬기는 도를 극구 말하였는 바, 안민학이 깨달아서 형제가 모두 온전하였다. 뒤에 안민학은 이이李珥와 성혼 등의 명망있는 세력을 만나보고는 마침내 함께 친교를 맺었으며 또 말하기를, "나의 벗에 계함季涵 정철이라는 사람이 있는데 참으로 좋은 선비입니다. 그가 선생님을 뵙고자 합니다." 하니 공이 불응하였고, 뒷날 또 칭찬하여 말하기를 "이 사람은 마음을 다하여 나라 일을 보니 만나는 것이 좋겠습니다." 하니, 대답하기를, "내가 서울에 있은 지 오래 되었는데 그는 좋은 벼슬자리에만 있을 뿐이요, 아직 훌륭한 정책을 건의했다고 들은 적이 없다." 하였는데, 돌아가 정철에게 고하니 정철이 매우 원한을 품었고 안민학도 역시 원수로 보았다. 신사년에 사헌부 지평을 제수하니 사직하는 상소를 올렸는데 상소 가운데 "지금 국시가 아직 정해지지 않고 공론이 행하여지지 않아서 붕당이 횡행하고 기강이 날로 떨어지는데, 이는 실로 성쇠와 안위에 관련된 일이오니 밝게 살피시고 위엄으로 진압하사, 편당한 무리들이 가슴속에 품고 있는 것을 마음대로 하지 못하게 하소서." 하니 이것 때문에 당시의 무리들에게 더욱 미움을 샀다.

이이가 처음으로 조정에 올라오니 사람들이 모두, "옛 성현이 다시 나타났다." 하였으나, 공은 홀로 그렇지 않다고 하니 사람들이 공을 미쳤거나 어리석다 하였다. 공은 선비들의 공론이 여러 갈래로 나누어지고 명예나 이익을 다투는 것을 보고 서울 거리 가까이에 있고 싶지 않아 남쪽으로 갈 결심을 하였는데 얼마 있지 않아서 과연 이이가 인망人望에 차지 못하여, 식견을 갖춘 자는 벗으로 삼는 것을 부끄러워하니, 사람들이 비로소 공의 선견지명을 탄복했다. 그리고 이이의 무리와 안민학의 무리들의 노여움과 시새움은 날이 갈수록 심하였다. 그 후에 공에게 지평을 재차 제수하였으나 부임하지 않고 대밭 속에 집을 짓고 수우당守愚堂이라 하였는데, 오래된 매화나무 몇 그루와 목련木蓮 몇 그루와 한 쌍의 학鶴이 있었다. 배우기를 청하는 자가 있으면 허락하지 않으면서 말하기를, "가르치는 것은 내가 잘하는 바가 아니며 술을 마시는 것만 잘하는데 술 마시는 것을 배워 어디에 쓰겠는가." 하였다. 기축옥이 일어나자 성혼·정철 등이 이 기회를 이용하여 함정을 만들어 서울과 지방에서 자기와 의견을 달

수우당 행적을 기록한 글

리하는 자를 일망타진하기로 하고 그 앞잡이 양천경
·김극관·홍천경·강해 등을 시켜 길삼봉의 설을 날
조하였다. 당초에는 삼봉이 실제의 인물인지 아닌지
똑똑히 모르면서도 역적이 되어 정여립과 어울려 연
락한다고 칭하더니 얼마 있지 않아 최삼봉이라 일컬
었으며 남몰래 조응기趙應祺를 사주하여 최삼봉이 언
제나 만장동萬場洞에서 역적과 만났다는 말을 병사兵使
이일李鎰에게 고하게 하고, 경상 감사 김수金睟에게 비
밀리 이첩移牒하여 진양晉陽 옥에 가두게 하였다. 의금
부 낭관이 도착하여 칼을 벗기고자 하니 공이 임금 있
는 쪽을 향하여 재배하고 말하기를, "임금의 명령이니
벗어서는 안 된다." 하니, 모든 이졸들이 모두 눈물을
흘렸다. 의금부의 옥에 갇혀있을 적에는 날마다 대궐
을 향하여 앉는 것을 조금도 달리하지 않았다. 공의 집
의 하인 몇 사람이 또한 잡혀와서 공사供辭를 하게 되
었는데 함께 갇혀있는 사람이 말하기를, "만약 하인이
말을 실수하면 그 화禍는 측량할 수 없을 것이니 청컨
대 공사하는 요령을 가르치소서." 하니, 공이 말하기
를, "그들이 스스로 할 일인데 내가 무엇을 관여하겠
는가." 하며, 끝내 가까이하지 않으니 사람들이 모두
민망하게 여기고 더욱 공이 동요되지 않는 점에 심복
하였다.

 위관委官 정철이 하인들의 무사誣辭를 공에게까지
미치게 하고자 하여, 사형沙刑과 단근불로 매우 참혹하

게 국문하였으나 하인들은 끝내 허튼 말이 없었다. 위관이 역적 정여립의 하인을 국문하면서, "최삼봉이라는 자가 너의 역적의 집에 왕래하였느냐." 하니, 답하기를, "전에 보았습니다. 그 사람은 수염이 희끗희끗하였습니다." 하여, 공에게 3번이나 옷을 갈아 입히고 여러 죄수들 사이에 두고 하인으로 하여금 찾게 하였으나 끝내 찾지 못하였다. 공은 안색이 동요되지 아니하여 두려워하지도 않고 다행으로 생각하지도 않았다. 공을 반드시 죽이고자 하는 자가 말하기를, "너의 수염이 갑자기 검으니 아마도 뽑아버린 것이 아니냐." 하니, 공이 듣고 대답하기를, "역적의 하인 말은 어제 저녁에 처음으로 들었으니, 비록 뽑아 버리고 싶어도 해가 저문 밤인데 어떻게 하겠으며, 또 누가 뽑아 주겠느냐." 하니, 사람들이 그 도량에 감복하였다. 공은 전에 진양에서 양주楊州로 아들을 장사지낼 때에 이발李潑로 인하여 역적을 만났는데 이발 등에게 말하기를, "그는 사람됨이 교활하고 윗사람에게 교만하여 아버지도 없고 형도 없는 자이니 친하게 사귀지 말라." 하였는데, 후에 친구에게 보낸 편지의 끝에 안부를 물었을 뿐인데, 이때에 그 편지가 국청鞫廳에 나타나자 정철이 얻어 보고 기쁜 기색을 하니 문사랑問事郎 이항복李恒福이 공이 잊어버리고 말하지 않을까 두려워하여 일어나서 밖을 돌면서, "최아무개가 죽을 것이다. 어떤 편지 끝에 말한 것이 있으니 죽지 않겠느냐." 하니,

공이 알아차리고 문초할 때 사실대로 말하였다. 정철이 어떻게 할 수 없어 매 한 번도 때리지 못하였으니 이는 이항복의 힘이다. 공이 스스로 말하기를, "귀가 먹은 내가 듣게 되었으니 그 말은 반드시 큰 소리였을 것이다." 하였다.

공의 옥사獄辭를 들으니, 임금께서 무고한 것을 살피시고 특명으로 석방하였는데, 밖에서 이 소식의 편지가 들어오니 공이 보고 울면서 말하기를, "방금 은혜로운 전지傳旨가 있었는데 태양이 편벽되게 비쳐 감격함이 망극한데 동생이 먼저 죽어 홀로 이 은혜를 입지 못하는구나. 동생에게 무슨 죄가 있겠는가. 나로 인해서 죽었으니 길게 통탄하는 바이다." 하니, 듣는 자가 슬퍼하였다. 공이 옥에서 나와 친척집에 있었는데, 성혼이 그 아들 성준成濬을 시켜 쌀을 가져와서, "이 쌀로 고향으로 가시는 노자로 하소서." 하며, 또 말하기를, "무엇 때문에 사람들의 미움을 받아 이렇게 되었습니까?" 하니, 공이 대답하기를, "너의 아버지에게 미움을 받았다." 하였다. 다음 날 사간원에서 다시 가두어 국문하자고 청하였는데, 이때 구성具宬이 정언으로 성혼과 정철의 무리었다. 위관 정철이 옥졸에게 명하여 움켜쥐고 끌어내어 상처를 입혀, 곤욕이 극심하였으나, 공의 사기辭氣는 조금도 흔들리지 않고 시종을 가려서 조목조목 말하니, 옥관이 나무라면서 말하기를, "국문에 대답하는 말에는 기왕에 일어났던 일을 끌어 내서 사설만 허비해서는 안 된다." 하니, 공이 정색하여 말하기를, "죄수가 말하는 대로 쓸 뿐이지 사설을 허비한들 공에게 무슨 상관이냐." 하니, 그 사람이 다시는 말하지 않았는데 그 정직함이 이와 같았다. 진주에 사는 정홍조鄭弘祚라는 사람이 있었는데 공의 옥사에 연좌되어 체포되니 사람이 고하기를, "만약 정홍조가 무함하는 말을 하면 장차 어떻게 하겠느냐." 하니, 공이 말하기를, "나는 아직 그와 인사한 바도 없다. 운명이야 어떻게 하겠느냐." 하였는데, 정홍조가 왔을 때 공은 이미 죽었었다. 정홍조가 선비 박사신朴士信에게 공사供辭의 이해利害를 물으니 박사신이 말하기를, "무릇 옥사는 바르게 하면 된다. 천도天道는 매우 밝고 귀신은 속이기 어렵다." 하니, 정홍조가 개연히 말하기를, "최공은 운치있는 선비이다. 땅벌레와 같은 나는 사모하여 그 문에도 미치지 못한 것을 부끄럽게 여긴다. 지금 나는 이미 늙었는데 속이고 살아난다 해도 장차 사람들이 욕하며 말하기를, '저자가 전에 최 아무개를 무고한 자이다.' 할 것인데, 자손들을 어떻게 할 것인가." 하였다.

대개 옥사가 경상도 도사都事 허흔許昕과 진주 판관 홍정서로부터 일어난 것인데, 허흔이 홍정서에게 말하기를, "역적이 최 아무개의 집에 내왕한다는 말을 들었다." 하였고, 홍정서는 말하기를, "진주 별감 정홍조가 전에 이런 말을 한 적이 있습니다." 하여, 이때에 홍정서가 먼저 옥에 있기에 자주 사람을 보내어 정홍조를 협박하였으나 정홍조는 대답하지 않더니 공사에서 말하기를, "최 아무개의 집은 진주 관아에서 5리 가량 떨어진 곳에 있으며 홍조의 집은 40리 밖에 있사옵니다. 역적이 명사란 이름을 얻은 지 오래이라, 설사 대낮에 왕래하였다면 어찌 명사가 오는 것을 5리에 있는 판관이 모르고 40리에 있는 홍조 혼자 알겠사오며, 만약 남몰래 왕래하였다고 말한다면 판관이 모르는 바는 홍조가 더욱 모르는 바인데 어찌 홍정서에게 말하였겠습니까." 하였다. 옥사를 임금에게 알리니, "홍정서를 빨리 심문하라." 하였는데, 위관이 홍정서에게 사정을 두고 도리어, "정홍조를 심문하소서." 하고 아뢰어서, 임금의 뜻이 다시 바뀌어 홍정서와 정홍조가 모두 한 차례씩 매를 맞고 석방되었다.

공이 옥에 있을 때에도 온 집안이 음식과 의복 등을 공의 명에 따라 하되 조금도 어긋남이 없었다. 신愼씨라는 누이가 옥바라지를 하였는데 하루는 겨울 옷을 가지고 왔으나 공이 받지 않고 말하기를, "나는 조상에게 죄를 지었으니 아까울 것도 없지만, 조카의 신상이 중하니 그에게 보내는 것이 좋다." 하였는데, 억지로 권하니 띠 위에 홍로弘路라는 조카의 이름을 써서 돌려주며 말하기를, "누이가 경중을 모른다." 하였다. 공과 서로 아는 사람도 옥에 갇혔는데, 공이 수박을 매우 맛있게 먹으면서 쪼개어 한 조각을 보내니 그 사람이 말하기를, "공도 이 사이에 신맛이 남아 있지 않습니까." 하니, 공이 웃으면서 말하기를, 화복은 한限이 있는 것이니 이런 수박으로 그칠 바가 아니다." 하였다. 전에 식욕에 대하여 논하면서 말하기를, "내가 무우[蘿葍]를 매우 좋아하는데, 이번에 옥으로 송치되면서 장터에서 잔뿌리가 없는 미끈한 것이 있음을 보고 나도 모르게 침을 흘렸다. 사람의 욕심이란 이렇게 무서운 것이니, 사람이 마땅히 경계해야 할 바이다." 하였다. 공은 전부터 병이 있었는데, 위관이 와서 국문에 임하게 되자 여러 차례 의관을 보내어 문병을 하였는데, 최후에는 은대銀帶를 한 고관이 와서 진맥을 하자고 굳이 청하였으나 공은 천천히 팔을 오므리면서 말하기를, "이 병은 위관이 치료할 수 있는 병이 아니다." 하면서, 끝내 거부하고 진맥을 허가하지 않았다. 공이 죽으니 대간이 말하기를, "공이 자살하였으니 금오랑金吾郞을 파직시키소서." 하였다. 한광립韓匡立이라는 자가 있었는데, 소를 올려 정언신鄭彦信이 모반한 정상을 무고하여서 옥에 갇혀 같은 간방에 있었으나 공은 시종 상대하지 않았다. 한광립은 무고로 연좌되어 마침내 옥에서 죽었고 그 뒤 수 일만에 공도 죽으니, 박사길朴士吉이 공의 시체를 딴 곳으로 옮기면서 말하기를, "그 자의 시체와 가까이 있으시기를 원하시지 않을 것이다." 하였다.

　　공은 비록 오랫동안 옥에 갇혀 있었으나 항상 꿇어

앉았으며 한 번도 기대어 앉은 적이 없었는데, 하루는 예전처럼 안색도 양양하더니 식후에 안색이 갑자기 나빠지면서 박사길의 무릎을 베개 삼고 누으니 옆에 있는 사람들이 모두 놀랐다. 집안 사람들이 정신력을 시험하고자 글자 한 자를 써서 보내 달라고 청하니 공이 서서히 일어나서 크게 정正 자를 한 자 썼는데 이미 자획字劃이 틀렸었다. 공은 박사길을 돌아보며 말하기를, "공은 이 글자를 알아보겠느냐." 하더니 얼마 있다가 죽었다. 어려움 속에서도 그 도道를 얻었다 할 것이니, 어느 곳에서나 스스로 얻지 않음이 없다다함은 아마 공을 두고 말하는 것일 것이다. 조사朝士 호남 윤광계尹光啓 공과 생원 박사길이 함께 갇혀 있었는데 시종을 갖추어 기록하고 그 끝에 공을 칭탄하여 말하기를, "정正을 얻어 죽었다 할만하다." 하고, 이어 탄식하기를, "우리에게 무슨 해를 끼쳤겠는가." 하는 말을 두 번이나 했으니, 대개 공에게 깊이 감복했기 때문이다. 임금께서 공의 집에서 압수해 온 문서를 보시고 이르기를, "이 사람은 형제들간에 우애가 독실하였구나." 하였으니, 내왕한 편지에 모두 우애가 지극하였기 때문이었다. 옥사가 엄하여서 사대부들이 모두 전전긍긍하여 혀를 깨물고 감히 한 마디도 말을 못하는데 문사랑청 이항복李恒福 혼자만은 공을 만나고 나서 칭찬하여 말하기를, "그 노인은 생사를 도외시하니 따를 수 없다." 하였다. 역적의 무리 중에 최삼봉의 용모를 말하는 자가 있어서 이항복이 자[尺]를 들고 공의 키를 재면서 말하기를, "이름은 들은 지 오래되었으나 만나지 못하였는데 오늘에야 손으로 피부를 만져본다. 세상에 태어나 이 노인을 보지 못하고 헛되게 일생을 지낸 것은 마치 서울 사는 아이가 종루鍾樓를 보지 못하고 죽는 것과 같다." 하였다. 김명원金命元도 또한 국정鞠庭으로 잡혀 와서 공을 보고 말하기를, "사람으로 하여금 늠연凜然히 존경하는 마음을 일으키게 하니, 그 평생에 수양한 바를 알겠다." 하였고, 이헌국李憲國이 국문하는데 참석했다가 공이 국정에 들어오는 것을 보고 자기도 모르게 마루 밑으로 내려왔다고 하니, 정신과 기백이 진실로 사람을 움직일 만했던 것이다. 평소에 몸가짐을 엄하고 굳세며 정직하게 하여, 안과 밖이 모두 꽉차고 드날리니, 여간한 시일과 공력으로는 이렇게 되지 못한다. 왜란倭亂이 일어나 임금님이 의주로 행차하였을 적에 참판 김우옹金宇顒이 성혼成渾을 만나 이야기하다가 역변에 미치자, 성혼이 말하기를, "나 같은 어리석은 생각으로는 그대들이 너무 지나치게 추앙하여 이 지경에 이른 것이지 나 혼자만의 죄가 아니다." 하니, 김우옹이 말하기를, "최 처사를 죽인 자가 누구냐." 하니, 성혼이 달리 말한 것은 없고 다만, "만약 사람들이 나를 죽이려 할 때는 공이 나를 조금이라도 도와 주면 다행이겠다." 하였으니, 과연 공이 성혼의 아들에게, "너의 아버지의 미움을 샀다."는 말과 들어 맞았다. 신묘년에 홍여순洪汝諄이 사헌부의 장으로써 발론하여 정철을 귀양보내고 공의 원통함을 씻었는데, 임금은 공에게 대사헌을 증직하였으며, 또 사신을 보내어 제사지내게 하고, 그 가족을 진휼하였다. 그리고 김우옹이 대사헌으로써 정철의 관작을 삭탈하였으니 공이 돌아간 지 수년 만에 시비가 마침내 밝혀져서 마치 구름을 걷고 태양을 보는 것 같았다. 이것 역시 근자에 없었던 일이다.

공은 어렸을 때부터 한결같이 규칙에 따랐는데, 음식이나 의복으로부터 행동거지에 이르기까지 법도에 맞지 않은 것이 없었으니 바라만 보아도 그 사람됨을 알 수 있었다. 사람과 더불어 말할 적에는 심정을 토로하여 숨김이 없었고, 동지를 만나면 형세를 잊을 정도에 이르지만 그 반면 허락하는 사람이 적어서 사람들이 모두 경외하여 꺼렸지만 애모하는 사람도 역시 많았다. 글을 읽되 문자 그대로만 보아 넘기지 않고 반드시 자기에게 필요한 부문을 찾아서 힘을 썼으며, 사람들이 귀로 듣고 입으로만 중얼거리며 실천에 힘쓰지 않는 것을 보면 그 허위를 마음으로 미워하였다. 이 때문에 유속배流俗輩들에게 미움받게 되었는데, 아들을 잃은 후부터는 규모를 조금 달리하였다. 그러나 바람을 지켜 흔들리지 않고, 빈천 때문에 지조를 바꾸지 않았으며 위무威武에 굴복하지 않았으니, 부귀 역시 어찌 조금이라도 마음을 움직이게 하였겠는가. 수양하는 바가 이와 같아 말과 행동이 세상에 존중되었다. 또 서울에서 자라서 사대부들의 마음가짐과 행실을 갖추어 알고 있었으므로 좋아하고 싫어하는 데나 취하고 버리는 데는 단호하고 구차하지 않으니 깨끗한 선비들은 칭찬하였으나 흉악한 무리들은 반드시 복수하고자 하였으므로 그 화가 유독 참혹하였던 것이다. 만년晩年에는 매우 독서를 믿지 아니하여 사람들이 더러 작게 여겼으나 독서해서는 안 된다는 것이 아니었고 세상에서 거짓으로 학문한다 하고는 명리名利를 취하는 것을 보았기 때문이다. 예컨대 이기李芑가 『중용』으로 진출되고, 이정李禎·황준량黃俊良은 학문에 뜻을 둔 것으로 칭송되었고, 왕지망王之望·윤색尹穡의 무리는 과연 말하기에도 부족하게 여겨졌으니, 대개 당시의 폐습을 바로 잡고자 하였던 것이다. 혹 말에 병통이 있지만 말 때문에 뜻을 해쳐서는 안 될 것이다. 여러 곳의 선비들이 공을 덕천 서원德川書元에 배향配享하였다. 나 유성룡은 비록 상종한 지 오래 되었으나 가깝게 살지 않았고 또 만년에야 알았으니, 공이 어렸을 때나 장성했을 때의 행적에는 이목이 미치치 못한 데가 많은데 특히 마음으로 느낀 바와 상세하게 보고 들은 바를 대강이나마 한두 가지 열거하는 바이다.

재령載寧 이현일李玄逸 1651년 지음

## 3. 최지평전崔持平傳

서애西厓 류성룡柳成龍 지음

최영경의 자는 효원孝元이다. 처음에는 한양 원동리院洞里에 살았는데 친상親喪을 당하여 슬픔을 감당하지 못하여 몸이 쇠잔한 것으로 소문났고 석곽을 사용하여 후하게 장사 지냄으로써 가산이 기울었다. 그래서 집은 더욱 궁핍하여져 스스로 보존할 수 없어 처자를 거느리고 진주晉州로 내려가 그의 아우 여경餘慶의 처가에 의지하였다. 모든 집안 일을 최영경이 주관하고 여경은 모든 일을 영경의 앞에 와 여쭈었으므로 보는 이들은 여경의 집인 줄을 알지 못했고, 사람들이 두 사람이 어질다고 생각했다. 사람됨이 남에게 구속을 받지 않고 기개를 숭상했고, 책을 읽되 깊이 따져 알려고 하지 않았으며 언론을 좋아했다. 조남명을 만나보고는 좋아하여 스승으로 섬겼다. 조정에서 유일遺逸로 불러 전후해서 사축司畜을 삼고 지평을 삼았으나 모두 나아가지 않았다. 고관들이 찾아와 만나고자 하는 자도 있었으나 그 말하는 바가 옳지 않으면 문득 거절하고 만나지 않았는데, 이로써 원망하는 사람이 많았다. 내가 1584년에 경상도 감사가 되어 진주晉州에 도착하자 최영경의 이름을 들은 지 오래라 그의 집을 방문하였는데 그의 집은 만죽동萬竹洞에 있었다. 최영경은 포의布衣로 학鶴 한 마리와 함께 그 속에 있었는데 키가 크고 수염이 아름다우며 풍신風神이 잘났었다. 주안상을 차려 대접하여 술이 얼근하자 세상일을 이야기하였는데 언론이 사람을 놀라게 하였다.

  기축년에 정여립의 역옥逆獄이 일어나자 많은 선비들이 연루되었는데, 전라도 유생 홍천경洪千璟 등이 권신의 교사를 받고 최영경을 역당이라고 무고하였다. 감사 홍여순洪汝諄에게 말하니 홍여순이 경상 감사 김수金睟에게 최영경을 체포하라고 공문을 보내는 한편 조정에 치계馳啓하여 마침내 그 아우 최영경과 함께 체포되어 서울 옥에서 국문을 당하였다. 바야흐로 옥사가 급하게 되자 감히 그 억울함을 말하는 자가 없었는데, 홀로 안성安城 유생 김경근金景謹이 상소하여 억울함을 아뢰었으나 승자가 보고하지 않았다. 얼마 있다가 최여경은 고문을 당하여 옥중에서 죽었다. 이때에 좌의정 정철이 위관이 되어 옥사를 살폈는데 내가 하루는 우연히 대궐 밑에서 정철을 만났기에, "최영경의 옥사가 어떻게 되었느냐." 물어보고 또, "이 사람은 고결한 선비라는 이름 있으니 불가불 상세하게 살피시오." 하였다. 정철은 평소 경솔한데 또 이 날 술에 취해서 문득 왼손으로 자기 목을 잡고 오른손으로는 찌르는 형상을 하며 연달아 말하기를, "이 사람은 평일에 나를 이렇게 하고자 했다." 하였다. 판부사 심수경이 옆에 있다가 해명하여 말하기를, "사람들의 말을 어찌 모두 믿겠소. 원컨대, 대감은 사람의 말을 믿지 마오." 하였고, 내가 정색을 하고 말하기를, "그 사람이 실제로 그렇게 하였다 하여도 공은 지금 옥관이 되었으니 그 품었던 바를 마땅히 잊어야 할 것인데 어찌 이렇습니까." 하니, 정철이 웃으며 말하기를, "나도 어찌 이것을 생각하겠소. 이미 추안에다 극력 해명하였으므로 오래도록 형을 가하여 심문하지 않고 오직 가둬 두기만 하였소." 하고, 또 말하기를, "나도 분명 마음을 다하여 보호하고 있으니 다른 일은 걱정 없소." 하였는데, 과연 수일 후에 석방되어 옥에서 나왔다. 사헌부에서 계청하여 다시 가두었는데 그때 윤두수가 대사헌이 되어 발론한 것이나, 그 실은 장령 구성具宬이 그렇게 되도록 한 것이다. 사람들이 정철이 비록 밖으로는 공의를 따라 풀어주는 것같이 하고 안으로는 자기 당으로 하여금 논의하게 한다고 의심하였다.

  최영경은 전에 옥에 있을 때에 이미 폐肺를 앓아서 피고름을 토했는데 악취가 났다. 친구 이연춘李連春을 통하여 나에게서 약을 구했는데 재차 옥에 들어갔을 적에는 병이 더 심해져 오래지 않아 죽었다. 사헌부에서 또 아뢰기를, "최영경이 스스로 그 죄를 알고 약을 마시고 죽었사오니 당직 도사當直都事를 파면시키소서." 하니, 사람들이 너무 심하다고 하였다. 그 후에 정철이 죄를 얻었고 여러 신하들 가운데는 최영경이 억울하게 죽었다고 말하는 자가 많았다. 이에 최영경에게 대사헌을 증직하고, 대간 구성 등을 귀양 보내어 축출했으며 정철도 죽은 뒤에 벌로 관작이 추탈되었다고 하였다. 최영경은 평소에 성혼成渾과 친하게 지냈는데 성혼이 정철과 결탁하자 최영경이 언제나 정철은 형편없는 소인이라고 말했으며, 술을 마시고 취하면 두 무릎을 내놓고 손으로 어루만지며, "이 무릎이 끝에 가서는 정철에게 고문을 당할 바가 될 것이나 내 무엇이 무섭겠는가." 하고, 큰 소리를 하며 마지않했다. 이 때문에 성혼과의 교제도 끊어졌으니 이때에 사람들이 이 옥사가 정철에게서 일어난 것이나 성혼도 방조함이 없지 않을 것이라고 의심하였다. 임진년 가을에 안주安州에 있었는데, 정철이 행조行朝에서 체찰사가 되어 남쪽으로 떠나면서 백상루百祥樓 위에서 나와 만났다. 정철이 술이 반쯤 취하여 홀연히 말하기를, "너는 내가 최영경을 얽어 죽였다고 말하였다는데 그러하냐." 하기에, 나는 천천히 답하기를, "공의 마음을 알 수 없으나 형적을 보니 그런 것 같아 과연 그런 말을 한 바 있습니다." 하니, 정철이 노하여 술잔을 땅에 던지고 일어나 몇 걸음 걸어가더니 다시 돌아와 앉아 말하기를, "너는 어찌 그런 말을 하느냐. 성호원成浩源의 구해서救解書가 나에게 아직도 있는데 내가 어찌 감히 그렇게 했겠느냐." 하니, 나와 곁에 있었던 사람들이 한바탕 웃고 파했다. 무술년 겨울에 내가 동성東城에 있었는데 이귀李貴가 한 장의 종이를 갖고 와서 나에게 보였는데, 정철이 위관 때 최영경을 구하여 풀어주려고 한, 아직 임금께 올리지 않은 소문疏文의 초안이었다. 이귀는 놀라 말하기를, "정상鄭相의 본심이 이러한데 세상 사람들이 모르고 너무 심하게 의심하기 때문에 그 자제들이 가지고 왔기에 보여주는 것이다." 하였다. 그 후에 덧붙여 말하기를, "성혼이 정철을 교사하여 최영경을 죽였다." 하여 성혼도 함께 관작 삭탈하였는데 이 논쟁은 아직도 끝나지 않고 있다.

당시 사건의 처리를 주도한 것은 정철 등의 서인이었으며, 동인에 속했던 대부분의 인물들이 정여립과 가깝다는 이유만으로 처형되는 등 동인의 세력이 크게 약화되는 결과를 초래, 동인들을 제거하기 위한 서인들의 의도적 계략이었다는 의구심도 어느 정도 타당성을 인정받고 있는 실정이다.


## 4. 묘갈명墓碣銘

#### 내암來菴 정인홍鄭仁弘 지음

공의 이름은 영경이고 자는 효원孝元이며 본관은 화순和順인데 증참의贈參議 원지元之의 후손이다. 증조부 중홍重弘은 전라도 관찰사였으며 증조모 정부인貞夫人은 현풍玄風 곽郭씨이고, 조부 훈壎은 언양 현감彦陽縣監이며 조모 숙인淑人은 진주晉州 강씨이고, 아버지

세준世俊은 병조 좌랑이며 어머니 공인恭人은 평해平海 손孫씨로 찬성贊成 문정공文貞公 손순효孫舜孝의 손녀이며 현감 준濬의 딸이다. 공은 가정嘉靖 기축년 7월 16일에 출생하였는데, 날 때부터 특출하여 우뚝히 두각을 나타내니 관찰공이 매우 사랑하였다. 성장하니 속된 말이 없고 걸음걸이에도 법도가 있었으며, 행실이 준엄하여 구차스럽게 사람과 합류하지 않았다. 전에 어떤 사람과 상종하더니, 그 사람이 당시 척리戚里와 두텁게 사귀어 명성이 있으므로 교제를 끊었고, 권세를 좋아하는 사람이 만나보라고 권하면 팔을 저으며 자기 몸이 더럽혀지는 것같이 여겼다. 일찍이 지평을 제수하고 불렀으나 취임하지 않았으며, 사직하는 소를 올렸는데, 그 중에, "밝음으로써 통촉하시고 위엄으로써 누르시어 편당의 무리들로 하여금 흉악한 생각을 하지 못하게 하소서." 하는 등의 말이 있어 당시 무리들에게 미움을 크게 샀는데, 필경은 무함을 당하여 위관의 문초를 당했다. 임금이 명찰하시고 심중하시어 특별히 용서를 받았으나, 간사하고 흉악한 자들이 심하게 얽어서 기필코 없애어 마음을 달갑게 하고자 하므로 마침내 명대로 다 살지 못했다. 아, 선비에게 무리에 휩쓸리지 않는 지조가 있어 하늘은 그의 수립樹立을 허여하셨는데 기필코 죽이고자 하는 사람은 유독 무슨 마음인가. 비록 죽였으나 마침내 죽인 자를 보존하지 않음을 떳떳한 천도가 아니겠는가.

공은 인의仁義가 천성이라서 살아 계신 부모를 섬기고 죽은 부모를 장사지내는 데 공경을 다하고 효성을 다하니 사람들이 흠잡을 수가 없었다. 일찍부터 고상하여 세속에 물들지 아니했고 명예와 이욕에 초연하였으며 가난에 처하여도 걱정하지 않았고 지키는 데 자신을 갖었으니 천하 만물도 족히 그의 마음을 움직이고 그 지조를 바꿀 수가 없었다. 글을 보되 자기에게 절실한 부문만 보고 문장 꾸미는 일은 일삼지 않았으며 말과 행동이 은연중에 도에 합하니 옛사람에 부끄러울 것이 없었다. 일찍이 남명 선생에게 사사師事하였는데 남명 선생이 죽으니 사우祠宇를 세웠으며, 진양晉陽에 터를 잡아 늙으려고 하였다. 옥에 갇혀 있을 적에는 날마다 반드시 대궐을 향하여 앉았는데 잠시도 변함이 없었으며 담소하는 것도 평일과 조금도 다를 바가 없었다. 유사가 기필코 욕을 보이고자 하여 위협도 하고 모함도 하였으나 공은 개의치 아니했으며 대답하는 것이 궁색하지 않았다. 한 사람의 문사랑이 있었는데 말하기를, "이 사람은 생사를 도외시하고 있으니 미칠 수 없다." 하였다. 부리는 종들도 역시 체포 당했는데, 어떤 사람이 말하기를, "종들이 취조 당할 때 할 말을 상세하게 가르쳐주라." 하였더니, 공이 정색하여 말하기를, "저들이 응당 주견대로 말할텐데 내가 어찌 관여하겠느냐." 하며, 끝내 가까이하지 않았다. 옥의 감방에는 수직守直이 있어 비록 명사名士들이 갇히더라도 가차없이 기를 꺾어 업신여겼는데, 공에게는 엄한 주인을 섬기는 선량한 하인과 같았으니, 이것도 역시 공의 풍채가 어리석은 무리들을 자연히 감동시킨 것이다. 아, 공으로 하여금 끝내 죽음에서 면하지 못하게 한 것은 사람이지 하늘이 아니다. 하늘은 실로 이치에 벗어나지 않았으나 사람이 마침내 모함하였으니, 공이 감동시킨 바는 하늘이요 감동시키지 못한 바는 사람인데 군자가 사람에게 능하지 못한 것은 오래되었다. 누차 임금께서 부르셨으나 나아가지 않았는데 오직 사축에 대해서만은 사은숙배하고 돌아갔다. 공이 사망하자 밝으신 임금께서 사정을 통촉하시와 흉도들의 관직을 삭탈하여 쫓아내시고, 죽은 후 불쌍하게 여기는 조서詔書를 내리시어 죽은 후나마 존숭尊崇하시어 관작을 추증하시고 제사를 내리시었으며 그 가족을 진휼하시었다. 아, 사람이 죽음을 초월하였으나 마침내 어찌 할 수 없었던 것이니, 상을 당한 지 7일 만에 공이 하늘을 감동시켰다는 말이 맞게 된 것이다. 공이 종실宗室 화암부수花岩副守 억세憶歲의 딸에게 장가들어 아들 홍렴弘濂을 낳았으나 공보다 먼저 요사夭死하였고, 소실小室이 1남 2녀를 낳았는데 왜구가 포로로 잡아 갔다. 강극신姜克新 군은 공과 가장 친했으며 또 배움을 받았기로, 묘에 비를 세워 사적事迹을 기록하고자 하니 사우士友들이 힘을 모아 서로 도왔다. 보잘것없는 내가 공을 안다고 하여 거칠고 변변치 못

함을 듣지 않고 억지로 비문을 지으라 하므로 사양한
다 못해 명銘을 쓴다.

| | |
|---|---|
| 목암에 묘지를 마련하니 | 木之岩營丘岡 |
| 4척의 봉토는 공이 들어 있는 곳 | 四尺封公之藏 |
| 몸은 비록 죽었으나 지킨 바는 더욱 빛나도다 | 身可死守益光 |
| 여기다 비를 세우니 유풍은 만세토록 길어라 | 石于此風自長 |

## 5. 묘지명墓誌銘

척암拓菴 김도화金道和 지음

증자曾子가 말하기를 "육척六尺의 어린 임금을 맡길 수 있고 백리의 나라 정사를 의지할 수 있으며 그 절개는 삶과 죽음의 지경에 이르러서도 빼앗을 수 없다면 군자인가? 군자로다." 하였고, 맹자가 말하기를 "부귀에 음탕하지 않고 빈천에도 뜻을 바꾸지 않으며 협박에 굴하지 않는다면 이를 일러 대장부라 한다"고 하였으니 고금을 두루 살펴보되 이 말에 합당한 사람이 천하에 무릇 몇명이나 될까? 우리나라에서는 오직 수우당 선생이 그 사람이다.

선생의 휘는 영경이요 자는 효원이며, 성은 최씨이니 화순인이다. 시조 휘 세기는 고려조에 평장사였으니 오산군을 봉하였고 중세의 휘 원지는 조선조 호조

참의였는데 이로부터 벼슬이 계속 이어졌다. 증조 휘 중홍은 관찰사요, 조 휘 훈은 감찰이요, 고 휘 세준은 좌랑이었으며 어머니는 손씨로 문정공 순효의 아들 현감 준의 따님이니 그 대대로 덕이 성함이 이와 같다.

 태어나면서부터 기상이 준상하여 일반 아이들과 달랐으니 진귀한 과일을 얻으면 반드시 간직하여 부모에게 드렸다. 독서를 좋아하여 독려함이 번거롭지 않았으며 기자의 맥수가에 이르러서는 흐느끼며 눈물을 흘렸다. 행동거지가 엄연히 어른의 모양을 갖추었으니 그 태어날때부터 바탕의 아름다움이 이와 같았다.

 효제가 천성에서 나와 부모를 섬김에 그 정성이 지극하였다. 선공의 상을 당하여서는 슬픔으로 몸 상함이 예의를 넘었으니 모부인이 이를 걱정하여 미음을 억지로 권하였다. 이에 선생이 비로소 먹기를 조금 허락하여 졸곡에 이르기까지 오히려 그렇게 미음만 마셨다. 모부인이 질병에 걸려 위독하자 선생이 팔을 찔러 피를 받아 약을 조제하여 올렸는데 병이 드디어 나았다. 모부인이 세상을 떠나자 슬퍼함이 부친상과 같았다. 아침 저녁으로 음식을 올림에 반드시 어육을 갖추었더니 하루는 비가 내려 저자길이 막혀 어육을 갖추지 못해 묘에 엎드려 통곡하였더니 호랑이가 산돼지를 물고와 상석에 두고 떠났다. 이에 사람들이 모두 그 이상한 일로 놀랐다.

형제로 더불어 우애가 아주 돈독하여 모아둔 재산을 나누어 가질때 무릇 건장한 노복과 기름진 전답을 모두 나누어 주었으며 일찍 홀로된 신씨 누이를 양육함에 보살피는 근실함이 늙도록 변하지 않았으니 인륜을 돈독히 실행함이 이와 같았다.

젊었을 때 여러 번 향시에 합격하였으나 대과에 급제하지 못하고 수신과 구도에 힘을 기울였다. 서책은 읽지 않은 것이 없었으나 소학·근사록 등의 책을 더욱 가까이 하여 마음을 가라앉혀 완미 궁구하고 한 글자도 그냥 지나치지 않았으며 몸소 인지하여 행하였으니 그 학문을 좋아하여 싫어하지 않음이 이와 같았다.

일찍이 남명선생에게 배알하여 귀의할 곳 얻었음을 기뻐하더니 감복하여 섬기기를 오로지 하였고 또 한강·동강 양선생과 박 황암 제인·조 대소 종도 등 제현으로 더불어 도의의 사귐을 맺어 때로 달마다 강마함에 자익함이 매우 컸으니 그 사우로 더불어 보인에 힘씀이 이와 같았다.

처음으로 사관을 제수하였으나 나아가지 않았고 여러 번 수령을 제수하였으나 사양하였으며 사축의 부름에 잠시 응하였다가 곧 물러났다. 또 사헌부의 지평을 명하였으나 소를 올려 소회를 진언하였다 노소재의 편지에 답하면서 "환로를 통하는 해도 또한 적지 않다."고 하였으니 그 출처의 올바름이 이와 같았다.

집안이 매우 가난하여 밥짓는 연기가 자주 끊어졌으나 항상 즐거운 얼굴색을 띄었고 물건은 의롭지 않은 것을 취하지 않았으며 발은 예가 아니면 밟지를 않았다. 늦게 핀 한매를 베어버리려 하였으며 백설 중의 소나무가 홀로 빼어난 것을 칭탄하였으니 그 지행의 고결함이 이와 같았다.

의금부에 체포되어서도 담소가 태연자약하였으며 국정의 엄한 심문을 마주하여서도 사기가 정절하였다. 삼봉이란 말을 꾸민 무언과 정적이 모함한 악함도 모두 햇볕에 눈녹듯 하였으며, 위관이 용모를 단정히 하고 옥졸들이 감복하였다. 비록 옥중에서 세상을 떠남을 면치 못했으나 성명이 밝게 비추어 그 억울함을 풀어준 은혜가 두루 내리니 천하가 모두 선생의 원통함을 알았다.

대개 당초 권간들이 없는 일을 꾸며 억울한 옥사를 일으킨 것도 하늘의 뜻이요, 뒤에 임금이 간흉들의 심중을 밝게 파헤친 것도 또한 하늘의 뜻이라 하늘이 이미 선생에게 이와 같은 자질을 내리고 또 다시 선생에게 이와 같은 화난의 함정을 입힌 것은 그 까닭이 무엇인가?

학봉선생은 선생을 절의에 따라 죽을 분이라 허여하였고, 서애 선생은 당세의 사람을 놀라게 한 분이라고 칭탄하였으며 덕계 선생은 세상에 드문 호걸이라고 하였으며 대암 박공은 기상이 준결하다고 하였으며, 성암 김공은 태산을 움직이기는 쉬워도 우리 최장을 움직이기는 어렵다고 하였으니 일시 선배들의 추중한 말이 이와 같았다.

그러므로 미수 허선생이 유사를 지어 모든 것을 기록함에 꺼림이 없었고 남악 이선생이 선장을 지어 상세하게 실어 빠뜨린 것이 없으니 모두 대군자의 도끼 같은 필봉이라 후세 글을 짓는 이들이 대저 누가 그 문장을 그대로 모방하여 스스로 어리석고 망녕된 죄를 취하겠는가?

부인은 종실 이씨 화암부수 억세의 여이고 사자 홍서는 음관 감찰로서 사남 혜·의·양·원과 일녀를 낳았는데 여는 강문재에게 시집갔다.

혜의 아들은 정기이요 여는 한익형·정내형·하온에게 시집갔다. 의의 일녀는 허해에게 시집갔으며 양의 아들은 정석이다. 원의 아들은 정윤이요, 여는 양천익에게 시집갔다. 정기의 아들은 기중이며, 정석의 아들은 임중이요 여는 조재에게 시집갔다. 정윤의 아들은 태중이요 여는 신창기에게 시집갔다. 나머지는 쓰지 않는다.

오호라! 선생이 서거하신지 이제 삼백년이 지났다. 매양 한화같이 쓸쓸한 감회가 있었더니 이제 주손 학수가 족인 한진으로 하여금 사백리를 걸어서 묘지명을 도화에게 청하게 하였는데 보잘 것 없는 후생이 어찌 감히 이를 하리오? 여러 번 사양하여도 얻지 못했

기에 삼가 여러 선배들이 서술한 것 중에서 그 제일 큰 일만 취하여 명을 찬한다. 명하여 이르기를

　　일월광명은 선생의 도학이요, 태산이 무너지지 않음은 선생의 면목이니 천추 만세토록 길이 오당의 긍식이 되리로다.

　　　　후학 의금부도사 문소聞韶 김도화 근찬

강동욱姜東郁

1962년 경남 진주 출생
경상대학교 국어국문학과 졸업
동 대학교 대학원 문학석사 문학박사 학위 취득
경상대학교 남명학 연구소 후원회 사무국장 역임
진주교육대학교 국어교육과 강사
경상대학교 국어국문학과 겸임 부교수
경남일보 100주년 기념사업회 사무국장
경남일보 문화부장/문화전문기자

◈ 논저 및 역서
『남명의 숨결』
『역주 교방가요』
『교방문화 그 풍류와 멋』

# 수우당守愚堂 최영경崔永慶

초판 인쇄 : 2010년 2월 16일
초판 발행 : 2010년 2월 26일

저　　자 : 강 동 욱
발 행 인 : 한 정 희
편　　집 : 문 영 주
발 행 처 : 경인문화사
주　　소 : 서울특별시 마포구 마포동 324-3
전　　화 : 718-4831~2
팩　　스 : 703-9711
이 메 일 : kyunginp@chol.com
홈페이지 : http://www.kyunginp.co.kr
　　　　　한국학서적.kr
등록번호 : 제10-18호(1973. 11. 8)

값 10,000원
ISBN : 978-89-499-0714-7　03810
ⓒ 2010, Kyung-in Publishing Co, Printed in Korea
* 파본 및 훼손된 책은 교환해 드립니다.